Déchiffrer nos comportements

Éditions Eyrolles
1, rue Thénard
75240 Paris cedex 05
www.editions-eyrolles.com

En couverture : détails du tableau « *Les 7 lunes de la sagesse* »
par Grégoire Balaÿ. gregoire.balay@wanadoo.fr

© Eyrolles, 2005
ISBN : 2-7081-3399-3

Catherine CUDICIO

Déchiffrer nos comportements

Sommaire

CHAPITRE 6

CHAPITRE 7

Introduction

Puissants et discrets, ils influencent nos comportements et nos décisions, ils nous indiquent comment interpréter ce que nous vivons, et nous adapter aux situations nouvelles. Ce sont nos thèmes de vie, révélateurs et organisateurs de notre représentation du monde…

Bonheurs ou malheurs, événements marquants ou tâches quotidiennes, participent à la création de notre représentation du monde. Peu à peu, une véritable carte mentale se construit qui contient nos habitudes, nos préférences, ce que nous tenons pour vrai et pour faux, ce qui nous semble bon ou mauvais, bien ou mal, et toutes nos incertitudes.

Carte de la réalité ou représentation du monde forment un cadre comparable à un théâtre mental. Les thèmes de vie sont les pièces à l'affiche, dont nous sommes, tout à la fois, l'auteur, le metteur en scène et l'acteur. Le plus souvent, nous jouons les mêmes pièces, seuls les décors et les personnages changent un peu. Comédie, tragédie, polar, drame psychologique ? Nos thèmes de vie donnent le ton, et laissent prévoir l'issue du spectacle…

Quand nous communiquons, nous transmettons assez d'informations pour que nos interlocuteurs puissent comprendre et interpréter nos thèmes de vie. L'observateur averti saura lire entre les lignes et ne manquera pas de saisir quel style de pièce se joue dans ce théâtre, et quelle scène se déroule sous ses yeux.

Nos thèmes de vie sont des schémas inconscients qui manifestent leur influence dans tous les aspects de notre existence : travail, relations affectives, vie sociale. Ces schémas déterminent nos choix, nos émotions, nos goûts, nos possibilités et nos limites : tous nos comportements les illustrent et les traduisent. Les thèmes de vie forment un lien logique qui explique le pourquoi de nos décisions, de nos intuitions et de notre capacité à anticiper.

Grâce à la métaphore du théâtre, nous comprenons aisément que nous puissions monter certaines pièces, en exclure d'autres, jouer inlassablement les mêmes sans trop se poser de questions, ou chercher sans cesse à enrichir le scénario de nouvelles possibilités. Nos thèmes de vie, à l'instar des pièces de notre théâtre mental, nous facilitent les choses ou au contraire nous limitent. Nos échecs comme nos succès nous mettent en face des possibilités offertes par nos thèmes de vie : comment s'organise notre « forfait existentiel » ? Disposons-nous seulement de quelques minutes à dépenser avec parcimonie ? ou bien d'un temps « illimité » ?

Nous possédons d'extraordinaires possibilités intuitives associées à nos thèmes de vie, mais nous n'en sommes que rarement conscients, et ne savons pas les utiliser.

Comprendre comment nous avons construit nos thèmes de vie, sur quelles bases ils reposent et quels matériaux les composent est une démarche essentielle pour notre épanouissement personnel.

Ce livre décrit la construction et le fonctionnement des thèmes de vie. Il montre comment observer ses propres thèmes et ceux des autres, et présente quelques recettes permettant de rendre ses thèmes plus performants et mieux adaptés pour s'accomplir et atteindre ses buts.

CHAPITRE 1

Le « théâtre mental »

> *Ses amies et ses collègues de travail l'envient. Tout réussit à cette jeune femme dynamique et ambitieuse... À trente-deux ans, Marine, cadre supérieur, mène de front sa carrière et sa vie privée. Pourtant, ni ses relations familiales, ni sa réussite sociale ne lui apportent de satisfaction durable. Elle ressent toujours un manque, et cherche des solutions en s'engageant dans une démarche de travail sur soi. Quand elle parle de sa situation actuelle, elle dit « oui, c'est pas mal, mais enfin, je pourrais sûrement faire mieux » ; le plus petit détail devient une calamité. Elle poursuit : « Je suis obligée de tout vérifier, parce qu'il y a toujours quelqu'un qui ne fait pas bien son travail. Si je laisse faire, ça prouvera que je suis incompétente, je ne peux pas supporter cette idée... » Elle précise « ce que je fais, ça doit être impeccable, personne ne doit y trouver à redire... »*

Aimeriez-vous jouer un rôle dans le théâtre mental de Marine ? Êtes-vous comme elle ? Tourmenté continuellement par le désir de « mieux faire », de « vous dépasser », « vous surpasser », insatisfait, frustré et incapable d'accepter les critiques ? Pourtant, vu de l'extérieur, tout semble « impeccable », n'est-ce pas ?

Ce décalage entre l'image de soi que l'on veut transmettre et celle que l'on ressent met en évidence différents niveaux de compréhension et de lecture du vécu. Le même événement prend un sens différent selon chacun, parce qu'en dépit de similitudes apparentes, ces expériences ne sont pas représentées, comprises et vécues de la même façon. Quand Marine obtient un succès, elle est d'abord contente, puis elle se dit qu'elle aurait pu mieux faire, ou l'obtenir plus tôt, et elle finit par conclure que pour elle, la réussite, c'est juste normal. Dans le « théâtre mental » de Marine, il n'y a pas de place pour l'improvisation, l'indulgence, la tolérance, la patience et encore moins pour l'échec.

Comme Marine, nous agissons en fonction d'une représentation du monde, qui se construit progressivement au fil des jours à travers notre vie quotidienne, nos relations, nos activités. L'interprétation de ces expériences donne le jour à diverses croyances, qui s'organisent en une « carte de la réalité ».

Le théâtre mental, s'enracine à son tour dans la jungle de nos croyances. Il devient alors le cadre logique, idéologique, et émotionnel de nos prises de décision et de nos comportements. Les thèmes de vie correspondent aux pièces à l'affiche de ce théâtre.

Des coulisses à la scène

Représentation du monde, carte de la réalité

Si nous sommes capables de nous rappeler un souvenir avec réalisme, d'imaginer la réalisation d'un projet, de penser à quelqu'un que nous aimons c'est parce que nous possédons un équipement mental destiné à représenter le réel. Nos perceptions sensorielles, nos émotions sont codées et rangées, un peu comme un ordinateur « compresse » un fichier volumineux. Ainsi, notre mémoire n'est-elle pas encombrée d'une foule d'éléments, mais contient seulement ceux qui permettent de reconstruire l'expérience, de se rappeler un souvenir ou de bâtir une image réaliste d'un but, d'un souhait, ou de quelque chose qu'on redoute. La comparaison entre le cerveau et l'ordinateur reste une image commode qui ne décrit pas la complexité des êtres humains ; elle présente cependant l'avantage de montrer clairement le décalage entre la réalité et sa représentation.

La carte de la réalité représente notre interprétation des choses, mais elle les réduit et les simplifie pour ne garder que les éléments utiles. Comme il est plus facile et plus économique de prendre des décisions en manipulant seulement une petite quantité d'informations, nous avons tendance à privilégier la carte à la réalité. Si nous devions prendre en considération tout ce qui fait partie d'une situation, nous ne pourrions jamais décider, c'est-à-dire sortir du processus de choix. En effet, nous ne ferions que recevoir, trier, évaluer des informations. Pour aller de Paris à Toulouse par la route, il n'est pas nécessaire d'utiliser une carte de l'Europe, encore moins un planisphère, ce serait plus gênant qu'utile ; une simple carte routière de France remplit bien mieux ce rôle.

En 1933, dans un ouvrage qui le rendra célèbre, *Science and Sanity*[1], le linguiste et psychologue Alfred Korzybsky développe l'idée que la « carte n'est pas le territoire ». Il convient de s'en rappeler pour comprendre sa propre expérience ou celle des autres. L'auteur montre la distance entre les mots et ce qu'ils représentent, et souligne que, faute d'en tenir compte, erreurs et contresens se multiplient. Une cinquantaine d'années plus tard, en 1990, les éditions de l'Éclat prennent le risque de publier une vaste sélection d'œuvres de Korzybsky sous le titre *Une carte n'est pas le territoire*. C'est à partir de ces travaux que s'est constituée la sémantique générale, outil de réflexion sur le langage utilisé en psychologie et en communication.

Le philosophe et psychologue William James, publie en 1890 les *Principes de Psychologie*, œuvre érudite qui pose les bases de ce qui deviendra une science à part entière : la psychologie. James n'est pas un rêveur, il s'inscrit dans une démarche scientifique et cherche toujours à s'appuyer sur l'expérience pour étayer ses hypothèses. Ses idées ont été très fécondes, par exemple, celle des prédominances sensorielles, reprise et popularisée par les auteurs de la PNL. Ses intuitions sur la perception du temps, la fluidité de la pensée et les représentations du monde ont eu aussi une profonde influence sur le monde de la psychologie et des sciences cognitives.

---

1. Alfred Korzybsky, *Science and Sanity*, The International Non Aristotelician Library Publishing Company, 1933.

Plus tard, Lev Vygotsky[1], surnommé le « Mozart » de la psychologie, montre l'importance de l'interaction sociale dans la construction de représentations du monde et des acquisitions cognitives.

Tous en scène

La carte du monde ne se contente pas de représenter le réel, mais lui donne un sens : le bien, le mal, l'agréable, le désagréable, les autres, soi-même… Certains auteurs appellent cela des « matrices » de sens, c'est le cas de Michael Hall dans son livre *The matrix model*. Le « théâtre mental » n'est pas un lieu sur la carte, mais le cadre où se jouent et s'expriment nos thèmes de vie.

La métaphore du théâtre met l'accent sur plusieurs aspects :

- Nous sommes les « auteurs » des pièces de notre théâtre mental : nous les avons conçues au gré de nos expériences.
- Responsables des décisions et des actions, nous sommes aussi « metteurs en scène ».
- Impliqués dans le déroulement de ces pièces, nous en sommes les acteurs.
- Les autres s'impliquent dans nos pièces soit comme spectateurs, ou acteurs.

---

1. Lev Vygotsky (1896-1934) est souvent qualifié de « génial » car il alliait une immense érudition en sciences humaines avec une pensée d'avant-garde dont les idées demeurent encore très actuelles. Comme William James, Vygotsky n'est pas psychologue de formation initiale. Les informations et références au sujet de Vygotsky sont issues de la publication *Perspectives* : revue trimestrielle d'éducation comparée (Paris, UNESCO : Bureau international d'éducation), vol. XXIV, n° 3/4, 1994 (91/92), p. 793-820. Ces thèmes sont aujourd'hui très en vogue car ils se situent au carrefour de la psychologie sociale et de la psychologie cognitive. La théorie de Vygotsky est historiquement et scientifiquement la seule source significative de recherche sur les processus d'acquisition de connaissances dans la psychologie contemporaine. Seuls quelques rares spécialistes ont eu accès à ses œuvres, rédigées en russe. Il a fallu attendre de nombreuses années avant d'en avoir des traductions en anglais : *Thought and Language,* Cambridge, Mass., MIT Press, 1962.

Ces différents aspects de la métaphore théâtrale montrent bien toute la complexité de notre expérience, de sa représentation et de son partage relationnel.

Les thèmes de vie inspirent les pièces à l'affiche de notre théâtre mental : ils en définissent les limites, les objectifs, les idéaux, les repères, et les références, et enfin, ils reflètent l'ambiance qui y règne. Certains se spécialisent dans la création de pièces tragiques inlassablement répétées, agrémentées ça et là de quelques nouveaux détails, pour donner l'illusion qu'il s'agit d'un épisode inédit. Les thèmes de vie, véritable structure des comportements et des prises de décision, tendent au contraire à s'illustrer dans des schémas répétitifs.

> *Marie-Odile, institutrice retraitée, traverse la vie avec une joie de vivre exceptionnelle. Son existence pourtant, pourrait sembler injuste et dure. En effet, elle a perdu son compagnon et sa fille unique dans un accident. Elle a reconstruit sa vie autour de projets qui lui ont permis de surmonter sa solitude et la détresse de ce double deuil. Elle s'occupe d'une association caritative et ne ménage pas ses efforts pour venir en aide aux autres : soutien scolaire, animation d'une bibliothèque, ateliers d'écriture… Quand Marie-Odile parle de sa situation, elle dit : « Quand je regarde autour de moi, je trouve que, finalement, il y a des gens beaucoup plus malheureux que moi, je veux leur montrer qu'on peut toujours se battre et reprendre son destin en main. Malgré tout, je trouve chaque jour une raison de sourire… »*

Se sentir heureux ou malheureux dépend de ses propres expériences, mais plus encore de la façon de les interpréter. Vous sentez-vous proche de Marie-Odile ? Êtes-vous prêt à lutter, à trouver une raison de sourire, ou bien, en cas de difficulté, avez-vous plutôt tendance à vous replier dans l'amertume et la déprime ?

Les règles du jeu

Dans l'ombre !

Une fois établis, les thèmes de vie agissent discrètement, et nous ne sommes conscients ni de leur présence ni de leur influence. Parfaitement intégrés à notre théâtre mental, nos choix et nos comportements nous paraissent spontanés, naturels, librement choisis. Les comprendre, ou les analyser comme étant l'expression de nos croyances ou les résultats d'apprentissages demande un effort, une réflexion, exige de prendre une certaine distance.

Nous prenons conscience de nos thèmes de vie quand ceux-ci se révèlent insuffisants face à certaines situations. C'est un sentiment de malaise ou de décalage vis-à-vis de soi-même qui en révèle l'influence.

La façon dont un thème de vie s'installe et guide nos comportements peut se comparer à certains aspects de l'apprentissage. Dans les premières phases de l'apprentissage d'une technique, qu'il s'agisse d'apprendre à conduire, à jouer du piano ou à se servir d'une télécommande, nous devons être très attentifs, et nous concentrer sur la tâche à exécuter correctement. Ensuite, les choses deviennent « faciles », « naturelles ». Cela signifie que nous avons construit des automatismes qui se chargent en partie de l'exécution de la tâche. Enfin, quand l'apprentissage est parfaitement maîtrisé, nous devons faire un effort pour retrouver les étapes successives, les gestes, les comportements efficaces.. Tout se passe en effet comme si l'on avait « oublié » la façon d'y parvenir

Des processus similaires permettent de construire les thèmes de vie. Quand nous vivons une expérience, nous apprenons à gérer la situation, et en tirons un enseignement et une interprétation. Ce savoir ou ce savoir-faire acquis en cette occasion sera généralisé puis utilisé dans des situations jugées similaires : une nouvelle croyance s'intègre à notre théâtre mental. Enfin, nous « oublions » l'expérience, son interprétation et la croyance. Elles font dorénavant partie de nos compétences inconscientes.

C'est ainsi que l'on apprend à avoir peur de ne pas être aimé, de rester seul, de perdre sa liberté, et à mettre en place l'ensemble des schémas inconscients, les matériaux de construction ou la matière première de notre théâtre mental.

Ce processus permet de répéter le comportement utilisé dans la situation ayant servi de cadre à l'apprentissage de la croyance. Pourtant, si ce comportement a été efficace dans un contexte donné, il ne le reste pas nécessairement dans toutes situations comparables. Il semble cependant bien plus facile de refaire la même chose que d'inventer une alternative, quand bien même on répète ses erreurs. Dans leur livre, *La Soumission librement consentie*[1], Jean-Léon Beauvois et Robert-Vincent Joule illustrent cette attitude de nombreux exemples, et montrent comment une simple expérience peut être à l'origine d'une croyance, d'une certitude et bien entendu des comportements qui la révèlent[2].

Ressources ou handicaps ?

Les thèmes de vie exercent leur influence en permettant d'utiliser ou d'inhiber nos qualités et nos ressources. L'équilibre entre le désir et la peur, l'attrait de la découverte et la peur de l'inconnu sont au cœur des problématiques.

Les exemples suivants montrent comment évoluent les croyances qui structurent les thèmes. Un thème caractérisé par une intense curiosité conduit à faire des découvertes. Les comportements s'orientent « naturellement » vers de tels objectifs. Si la crainte du monde extérieur gouverne les thèmes de vie, des stratégies de protection se mettent en œuvre, mais limitent les champs d'action comme les découvertes. Le sentiment d'être en accord avec soi-

---

1. Jean-Léon Beauvois et Robert-Vincent Joule, *La Soumission librement consentie*, Presses Universitaires de France, 1998.
2. L'expérience la plus connue est l'escalade d'engagements (Staw, 1976, 1981). Des étudiants de grandes écoles de commerce ont une étude de cas à réaliser selon une consigne très stricte – ils doivent prendre les meilleures décisions possibles au plan financier. Puis on leur donne un second dossier qui fait état cette fois des conséquences financières désastreuses de leur décision estimées deux ans plus tard (par simulation). Il paraît alors urgent et nécessaire de revenir sur les décisions initiales pour changer d'orientation. C'est ce que fait, sans hésiter, le groupe témoin qui, lui, n'a pas pris la décision initiale. En revanche, le groupe de test qui a pris la mauvaise décision continue à prendre des décisions encore plus calamiteuses, simplement parce qu'il s'est « engagé » une première fois. On assiste alors à une véritable escalade d'engagements. Cet engagement se rattache à un thème de vie globalement orienté vers le refus de faire erreur, il est particulièrement puissant chez les gens qui s'estiment des spécialistes ou des connaisseurs, c'est le cas de l'exemple cité où le problème est donné à des étudiants qui ont précisément choisi de se spécialiser en économie et management.

même prouve que nous demeurons sur la voie tracée par notre thème de vie, de même que le malaise face à certaines situations indique une transgression ou un écart par rapport aux limites imposées par le thème de vie.

> *Karine explique qu'elle éprouve d'importantes difficultés relationnelles à cause d'une « trop grande franchise ». Elle précise : « Je sais bien que toute vérité n'est pas bonne à dire, mais quand j'essaie de mentir ou de dissimuler quelque chose, je ne me supporte plus. Je vais trouver n'importe quel moyen pour dire ce que j'ai sur le cœur, et tant pis si ça fâche ! Pourtant, si je réfléchis bien, rien ne m'oblige à le faire, je me doute que ça peut gêner les autres. Mais quelqu'un doit dire la vérité, même si ça blesse, autant que ce soit moi…*

Êtes-vous comme Karine, incapable de vous supporter lorsque vous mentez, prêt à entrer en conflit avec les autres à cause de vos propos qui fâchent ?

Dans cet exemple, l'émotion sert de signal d'alerte. Grâce à elle, Karine se sent en accord avec elle-même ou en décalage si elle transgresse les principes de son thème de vie. Même si nous justifions nos comportements avec des raisonnements, nous agissons sous l'influence des thèmes de vie qui se manifestent dans nos émotions et sentiments.

Les objectifs que nous n'arrivons pas à atteindre se situent en dehors des limites de nos thèmes de vie. Ils correspondent à une image de soi qu'on voudrait atteindre ou transmettre.

Pour construire leur thème de vie, beaucoup de gens utilisent des modèles empruntés à d'autres et valorisés par leur groupe socioculturel de référence. Les gens célèbres sont souvent enviés et imités par leurs admirateurs que séduit l'image transmise mêlant richesse, talent, habileté, beauté… Ces choix ne sauraient pourtant satisfaire, et tôt ou tard, les exigences du thème de vie refont surface, au moyen d'un sentiment, d'une émotion. L'exemple d'Antoine illustre ce dernier point.

> *Antoine, trente-cinq ans, est responsable de communication dans une grande entreprise. Il semble tout à fait épanoui dans son cadre professionnel.*

> Il accueille un jeune stagiaire, lui présente la société, s'enquiert sur le parcours de l'étudiant, puis évoque le sien :
>
> — Ici, c'est mon second poste, avant j'ai enseigné dans une école professionnelle… Il sourit, et ajoute : j'ai toujours désiré travailler dans la communication ou le journalisme, mais j'ai fait des études qui ne me destinaient pas du tout à cela.
>
> — Quelles études ?
>
> — Vous n'allez pas me croire, mais j'ai fait médecine, j'ai même passé ma thèse. Puis, quand j'ai commencé à travailler, j'ai compris que je n'étais pas fait pour ce métier. J'étais mal à l'aise, comme décalé par rapport à moi-même. En fait, je m'intéressais à la communication et à la publicité depuis longtemps. J'ai travaillé dans un journal, j'en ai même fait un quand j'étais étudiant.
>
> — Vous avez dû avoir des moments difficiles, c'est long des études de médecine.
>
> — En fait, je me suis senti soulagé quand j'ai pris la décision de ne pas exercer la médecine. Je suis sûr à présent que j'avais entrepris ces études pour faire plaisir à mes parents… Mais, ce n'était pas ma voie.

Les thèmes de vie d'Antoine se caractérisent par l'aptitude à mener ses missions à leur terme. Quand il a un objectif, il fait de son mieux pour l'atteindre. Le désir de faire plaisir à ceux qu'il aime est aussi une donnée essentielle avec, pour contrepartie négative, une importante difficulté à s'opposer. La première caractéristique l'a finalement emporté : il avait mené sa mission à son terme, se sentait en quelque sorte libéré et pouvait enfin s'autoriser à entreprendre ce qui lui tenait tant à cœur.

Des « programmes inconscients » ?

Le terme de « programme »[1], appliqué à l'être humain est souvent mal compris. Cette métaphore informatique ne recouvre pas la réalité. Elle en est une représentation. Le terme « programme » s'emploie égale-

---

1. Catherine Cudicio, *Le grand livre de la PNL*, Éditions Eyrolles, 2004. La notion de « programme » se réfère au sens donné par la PNL, c'est-à-dire comme le résultat d'une stratégie d'adaptation ou d'un apprentissage.

ment dans le domaine de la génétique pour désigner des ensembles de caractéristiques héréditaires. L'idée même de « programme » renvoie à une notion déterministe qui tend à limiter le champ de nos choix individuels au profit de logiques extérieures qu'elles soient biologiques ou sociales.

Pourtant, il existe des courants de pensée qui utilisent largement cette idée, c'est le cas des approches béhavioristes et comportementalistes, dont la PNL s'inspire en partie.

Nous devons prendre du recul par rapport à cette métaphore informatique et comprendre qu'aucun « programme » ne saurait rendre compte de la complexité[1] humaine. Si nous comparons le thème de vie à un programme inconscient c'est qu'il détermine discrètement décisions et comportements échappant au contrôle volontaire pour utiliser des chemins intuitifs.

Le sociologue et philosophe Edgar Morin, dans *Le Paradigme perdu, la nature humaine,* explique l'évolution de l'homme par son « aptitude naturelle à la culture et l'aptitude culturelle à développer la nature humaine ». Il poursuit : « L'homme n'est pas constitué de deux tranches superposées, l'une bionaturelle, l'autre psychosociale... L'homme est une totalité biopsychosociologique. »

Nos thèmes de vie, avant de devenir ces programmes inconscients, se construisent dans ces contextes multiples alliant les aspects biologiques aux paysages psychosociaux. Sources d'inspiration de nos comportements, ils utilisent des raccourcis cognitifs, sortes de programmes inconscients que nous étudierons par la suite.

Pourrait-on imaginer qu'un thème de vie soit en rapport avec un programme génétique ? Tel le serpent de mer, le débat à propos de la part de l'inné et de l'acquis[2] dans le développement de la personne revient périodiquement. C'est notamment depuis le XIXᵉ siècle que les scientifiques ont cherché à démontrer l'influence de l'hérédité sur les

---

1. Edgar Morin, *Le Paradigme perdu, la nature humaine,* Le Seuil, 1979 ; *La Complexité humaine*, Flammarion, 1994. Dans ces ouvrages, l'auteur présente, discute les différents aspects de la complexité de l'être humain.
2. *Sciences Humaines*, numéro 54, octobre 1995, « Inné/Acquis, le grand débat ».

comportements, les niveaux d'intelligence et de compétence. Les dérives eugénistes n'ont pas manqué de surgir, et ce qu'on a parfois appelé le darwinisme social reste encore au goût du jour pour certains.

En 1994, le livre de Richard Herrnstein et Charles Murray *The Bell Curve*, a mis le feu aux poudres en tentant de prouver par des arguments d'ordre génétique les différences de quotient intellectuel et, par voie de conséquence, les différences de statut social observées entre les différentes classes de la population. Les critiques n'ont pas manqué pour montrer les failles et lacunes de ces travaux. Toutefois, il est intéressant de remarquer qu'aucune preuve convaincante n'a pu être apportée pour établir de liens de causalité entre la présence d'un gène et celle d'un niveau d'intelligence, bien que l'hérédité joue un rôle certain[1]. La position communément admise affirme que l'environnement permet ou pas à un trait de caractère de s'exprimer en dépit du potentiel génétique. Pour simplifier, on pourrait dire que chacun possède au départ une boîte à outils bien équipée, que les circonstances de sa vie l'autorisent à utiliser totalement ou partiellement.

---

1. Dans un article intitulé « Intelligence : Knowns and Unknowns » paru dans la revue *American Psychologist,* en 1996, les auteurs – Neisser, Ulric et *alii* – montrent que l'inconnu reste encore beaucoup plus vaste que le connu dans le domaine de l'intelligence. Ils recensent quelques questions majeures laissées sans réponse par la recherche scientifique. En voici trois qui touchent de plus près le monde scolaire :
    1) La génétique a une influence importante sur le rendement intellectuel, mais on ne sait pas comment elle agit, ni pourquoi elle apparaît plus influente dans les QI des adultes que dans les QI des enfants.
    2) Les facteurs environnementaux sont importants, mais on ne sait pas lesquels sont les plus importants, ni comment ils influencent le rendement intellectuel. Par exemple, la scolarisation influence très certainement le rendement intellectuel, mais on ne connaît pas les aspects de la scolarisation qui influencent les QI.
    3) On est largement d'accord avec le fait que les tests ne décrivent ni n'évaluent toutes les formes d'intelligence. Ils oublient la créativité, la sagesse, le sens pratique, la perspicacité sociale et bien d'autres aspects. Malgré l'importance de ces facultés, on les connaît très peu : comment se développent-elles ? Quels facteurs influencent leur développement ? Comment sont-elles reliées aux instruments de mesure traditionnels ?

Nos thèmes de vie s'appuient en partie sur des traits de caractère innés, qui se sont exprimés au cours de notre développement. L'idée d'un « programme inconscient » s'avère utile en tant que métaphore descriptive, mais doit rester limitée à ce rôle. Chaque personne est un être tout à fait original, et sans aucun doute unique, dont la propre expérience est beaucoup plus efficace que celle des autres… Nous l'apprenons d'ailleurs souvent à nos dépens !

Une autre métaphore se révèle utile pour décrire et souligner l'interdépendance des éléments qui constituent les thèmes de vie.

Quand on regarde un mur de pierres, l'attention se porte en priorité sur les blocs, détaille leur forme, leurs couleurs, leurs reliefs avant de s'attarder sur le ciment qui les tient ensemble. Critères, valeurs et comportements représentent les pierres de l'édifice personnel, le thème de vie est le ciment qui assure la cohésion de l'ensemble. Aucun édifice ne pourrait tenir debout sans un lien entre ses éléments. De même, nous ne saurions faire l'économie d'une cohérence entre les différents aspects de notre personnalité. Les thèmes de vie donnent un sens à nos choix et en assurent la cohérence.

Lien logique qui donne un sens aux choix et aux comportements, on pourrait aussi comprendre un thème de vie comme la clé d'une énigme. Certains choix ou comportements nous paraissent à première vue bizarres, injustifiés, ou même incohérents parce que nous les jugeons d'après notre propre thème de vie. Ce qui semble « logique » pour certains paraît « illogique » à d'autres.

Il s'agit de données subjectives et non d'une logique universelle. La tendance spontanée à généraliser pour mieux évaluer et prévoir incite à porter davantage d'attention aux ressemblances qu'aux différences. Chaque personne possède son propre théâtre mental…

Chemin faisant

Les thèmes de vie se construisent et évoluent en permanence. Chaque expérience vient renforcer ou au contraire saboter les croyances et autres repères qui les jalonnent. Le thème de vie est un reflet de l'identité exprimée dans nos différents rôles.

Enfant, parent, ami, partenaire, conjoint, travailleur, dirigeant, associé, notre identité se manifeste sous différents aspects[1] modelés par nos appartenances sociales, culturelles, affectives et morales. Se sentir en accord avec soi-même signifie que les choix sont cohérents avec l'identité : ce qu'on s'autorise, ou s'interdit, ce que l'on juge intéressant, stimulant, ou motivant. Prendre des décisions en se sentant contraint provoque un sentiment de rupture, ou de manque de cohérence. Il existe parfois un profond décalage entre les comportements et la représentation de soi. Actes et paroles ne vont pas toujours dans le même sens. Il ne s'agit pas nécessairement de mensonges délibérés, mais de l'expression d'un décalage ou d'une incohérence.

Au cours des périodes d'évolution ou de remise en question, des changements s'effectuent, mais la perception de soi peut être décalée. C'est comme si on coupe court des cheveux très longs, il faut un peu de temps pour intégrer cette nouvelle perception de soi.

Les thèmes de vie évoluent en permanence ; ceux que l'enfant utilise dans ses expériences initiales sont différents de ceux que l'adolescent met à l'épreuve pour trouver ses repères personnels. D'importants bouleversements jalonnent le chemin entre l'enfance et l'âge adulte. La personnalité acquiert ses propres traits, sa signature individuelle qui différencie chacun et met en exergue son caractère unique. Au cours de l'adolescence, de nombreux décalages entre les comportements et la représentation de soi apparaissent. L'adolescent cherche en effet des ancrages valorisants, des modèles d'identification et d'affiliation. Ceux de l'enfance ne suffisent plus, ceux des adultes ne sont pas adaptés. Lorsqu'un équilibre est atteint, le rythme de l'évolution ralentit, se stabilise. Cependant le processus continue. Cette dynamique est très variable d'une personne à une autre. Parfois, une seule expérience vient contredire des certitudes qu'on croit bien établies et fait basculer l'ensemble des thèmes de vie.

---

1. Revue *Sciences Humaines*, Hors Série numéro 10, « Qui sont les Français ? », Septembre Octobre 95. Ce numéro tente de montrer à travers les multiples classements sociologiques la difficulté à cerner l'identité des gens. Il présente les différentes classifications en usage en France et dans le monde.

Monique rejoint deux amies à la pause du déjeuner.

— Qu'est-ce qui t'arrive ? lui demandent-elles

— Cela se voit à ce point ? répond Monique surprise… C'est bon, je vais tout vous dire !

« Il y a quinze jours, je suis allée au mariage d'une copine, c'était une très belle fête, tout allait bien, super ambiance, il y avait des chansons, des rires. J'ai passé une journée merveilleuse. »

Après un instant de silence, se remémorant l'expérience, Monique reprend :

— Quelques jours plus tard, cette amie m'a appelée pour me montrer les premières photos. Il y en avait une où l'on me voyait, j'étais en train de fumer. Je ne sais pas ce qui s'est passé, mais tout d'un coup, j'ai eu horreur de cette image, je ne me reconnaissais plus à cause de cette cigarette. Depuis, je n'ai plus fumé une seule cigarette… quelque chose a changé… cela m'a fait réfléchir.

L'expérience de Monique a effectué un recadrage des valeurs dans son thème de vie : le fait d'avoir cessé de fumer traduit une importante modification de la représentation de soi. Pour Monique, le plus important n'est pas d'avoir pris cette décision. Pour elle, cette décision est la conséquence d'un changement plus profond.

L'évolution d'un thème de vie passe souvent inaperçue. Quand un comportement solidement inscrit dans l'habitude se modifie, c'est qu'un changement au niveau de la représentation de soi crée les conditions requises. Au terme d'une maturation inconsciente, on atteint un seuil à partir duquel se produit le changement. L'exemple de Monique illustre ce type de changement. Sa représentation de soi a évolué sans qu'elle soit consciente du processus. Une image a suffi ensuite pour faire apparaître le changement et déclencher un nouveau comportement.

Pour mieux prévoir

Depuis la plus lointaine Antiquité, philosophes et savants ont voué leurs travaux à établir des savoirs permettant de comprendre et de prévoir différents phénomènes naturels : les astres, les marées, et la nature humaine tant dans ses dimensions biologiques que psychologiques et spirituelles.

L'art oratoire des Grecs et des Latins se fondait non seulement sur la maîtrise du langage, mais aussi et surtout sur une observation savante des réactions humaines face à différentes situations. La peur de l'autre, le souci de défendre ses acquis, l'envie, la jalousie, le sentiment de puissance que confère le groupe, le besoin de sécurité, la tendance à la paresse et à l'abdication de ses responsabilités constituaient autant de puissants leviers d'influence permettant d'emmener l'auditeur dans un voyage émotionnel parfaitement organisé. A-t-on vraiment changé de leviers aujourd'hui ?

Dans le domaine de la psychologie, l'idée de schémas inconscients est très présente. Éric Berne[1], le fondateur de l'analyse transactionnelle, met l'accent sur ce qu'il nomme des « états du moi ». Ils correspondent à des comportements bien définis et s'illustrent dans différents scénarios de vie.

Fritz Perls, créateur de la *gestalt* thérapie, identifie lui aussi des schémas inconscients que son approche va révéler pour mieux en combattre les effets négatifs : peurs irraisonnées, compulsions diverses, déprime et autres maux.

Richard Bandler et John Grinder, cofondateurs de la PNL (Programmation neurolinguistique) mettent en évidence de très nombreux schémas inconscients fondés sur plusieurs éléments : représentations sensorielles, croyances, valeurs... Ces éléments sont regroupés en catégories qui permettent de décrire l'expérience subjective : connaissant les matériaux et le mode d'emploi, il devient alors très facile de comprendre et de prévoir les comportements. C'est d'ailleurs pourquoi la PNL a « bénéficié » très vite d'une réputation

---

1. Dès 1957, Éric Berne publie un premier ouvrage, *Psychiatrie et psychanalyse à la portée de tous*, qui comprendra déjà un chapitre sur l'analyse transactionnelle, avant de rédiger explicitement, en 1961, le premier livre consacré à sa méthode : *Analyse transactionnelle et psychothérapie*, Petite bibliothèque Payot, 2001.

de technique manipulatoire… Simplicité, efficacité ont souvent fait oublier la complexité réelle de l'expérience individuelle.

Les neurosciences, fort en vogue actuellement, étudient de nombreux domaines de l'expérience allant de la cognition à la mise en œuvre de compétences. Ainsi, il semble que la base de toute pensée soit la généralisation : à partir de quelques éléments, la pensée discerne des similitudes et construit un savoir applicable à d'autres contextes.

Quand on observe les manifestations d'un thème de vie, la logique existentielle apparaît et permet de prévoir réactions et comportements dans d'autres situations. Il s'agit de porter son attention davantage sur la forme que sur le contenu de l'expérience, ce qui nécessite de prendre un peu de recul et d'éviter les évaluations hâtives. Puissant levier d'influence, le thème de vie se manifeste dans différents contextes. Même si la situation change, la manière individuelle de la gérer reste constante… jusqu'à ce que de nouvelles données viennent s'intégrer.

> *Anne-Laure, trente-huit ans, fonctionnaire, presse le pas pour rentrer chez elle, sans jeter un seul coup d'œil autour d'elle. Son petit appartement est comme une bonbonnière, impeccablement rangé. L'ordre règne ! Anne-Laure ne lit pas les journaux ; à la télé, elle ne regarde que les émissions de variétés, les « TV réalité » et quelques rares films. Elle passe sa vie à se lamenter sur son sort, et à critiquer les autres. Anne-Laure est très bien organisée, et mène une petite vie tranquille. Elle n'a pas d'amies. D'ailleurs, elle ne voit que les nombreux défauts des autres, et finit par conclure : « Chacun fait ce qu'il veut, moi je ne m'en occupe pas, ce n'est pas moi qui vais les empêcher de gâcher leur vie… D'ailleurs, je ne parle avec personne, comme ça, je n'ai pas d'histoire. » Quand Anne-Laure parle de sa situation, elle précise : « Oui, je pourrais sans doute chercher un meilleur travail, essayer de sortir, de me faire des amis, mais c'est trop dangereux. Il vaut mieux essayer de garder ce qu'on a et s'en contenter au lieu de courir après des illusions. »*

Pour Anne-Laure, le « reste du monde » est une illusion. Êtes-vous comme elle, replié sur votre petit univers, imperméable à ce qui vient de l'extérieur ?

Le thème de vie d'Anne-Laure se structure autour d'une peur du monde extérieur, et la volonté de réduire son univers à des dimensions qu'elle estime à sa portée. Elle est également prisonnière d'un paradoxe apparent : d'une part, elle se considère comme une personne sensée, intelligente, raisonnable et pleine de qualités ; d'autre part elle se sent faible, seule et démunie face aux dangers du monde extérieur. Munis de ces informations, imaginons ce qu'elle ferait si une voisine frappait à sa porte pour lui demander un service, ou si une cousine de province débarquait à l'improviste pour qu'elle l'héberge.

À votre avis Anne-Laure peut-elle adopter un animal de compagnie ? Lequel choisirait-elle ? Un petit chat, un oiseau en cage ? Le chien, trop exubérant, semble exclu, un rat blanc peut-être ?

Si Anne-Laure décidait tout à coup de partir en voyage, de s'impliquer dans une association humanitaire, d'avoir un petit ami, cela voudrait dire que son thème de vie a subi une modification. En première lecture, on dirait : « Cela m'étonne, venant d'elle. », ou bien encore : « Je n'aurais jamais pensé qu'elle aurait fait ça ! » Ces comportements n'entrent pas dans le cadre de son théâtre mental selon notre lecture intuitive.

CHAPITRE 2

L'auteur et son œuvre

Pour construire un thème de vie, l'auteur dispose de nombreux outils qui vont l'aider à donner un sens à ce qu'il vit. Certaines expériences vont devenir des références, contribuer à forger des croyances, et s'intégrer à des schémas préexistants.

Les outils : « Les raccourcis cognitifs »

Nathalie, trente ans, juriste de formation, occupe un poste d'encadrement, et assume des fonctions de formatrice. Nathalie est mariée, et vient d'avoir son deuxième enfant. Elle s'applique à donner d'elle-même une image très dynamique et y parvient assez bien, au moins aux yeux de son entourage. Elle veut comprendre pourquoi quand elle réfléchit à sa vie, elle conclut objectivement qu'elle devrait être satisfaite, alors que la plupart du temps, elle éprouve une sorte de malaise qu'elle ne relie à aucune cause particulière.

La semaine dernière, Nathalie avait réussi à faire tout ce qu'elle avait prévu et son week-end s'était très bien passé. Elle était ravie…

Mais cette semaine, elle n'a cessé de rencontrer des problèmes. Les dossiers ont pris du retard. « Je suis nulle, se dit-elle, je n'aurais pas dû faire ça, je me suis mal organisée, c'est pas la peine de me mentir, je ne suis pas à la hauteur… » Cette pensée la glace, elle entend une petite voix intérieure qui murmure « je ne me supporte plus ». Pourtant, elle sait que les problèmes vont finir par se résoudre. Cette

> même petite voix intérieure lui dit : « *Tu ne peux pas gérer tout ce*
> *qui arrive, arrêtes de te prendre pour une déesse !* » Elle s'imagine en
> une petite chouette sur l'épaule… « *Mieux vaut en rire, se dit-elle. Il*
> *faut que j'arrête de me sentir responsable de tout.* »

Nathalie se sent exister à travers les valeurs de compétence et d'effi-cacité qu'elle manifeste dans sa vie professionnelle. Elle veut donner d'elle-même l'image d'une battante, qui contrôle parfaitement cha-que situation, réussit ce qu'elle entreprend, atteint ou dépasse ses objectifs, et assume d'importantes responsabilités. Le malaise qu'elle éprouve vient du fait que la réalité ne peut pas entrer dans ce cadre idéal où il n'y a pas de place pour l'imprévu… Nathalie a appris à croire qu'elle pouvait atteindre cette image idéale, mais elle se trouve en décalage vis-à-vis de la réalité. Elle comprend alors qu'elle court après un idéal inadapté et peu réaliste.

Les croyances s'acquièrent dès le plus jeune âge : l'enfant communi-que avec son entourage, explore l'environnement et recueille ainsi des informations variées qu'il utilise pour organiser son expérience et sélectionner les comportements utiles.

On pourrait comparer les thèmes de vie à une grammaire incons-ciente qui structure nos comportements. De même qu'on acquiert la grammaire linguistique[1] en même temps qu'on apprend sa langue maternelle, les thèmes de vie s'édifient au cours des expériences. Nos environnements socioculturels et familiaux nous lèguent des thèmes de vie à travers des croyances et des comportements. Nous les adop-tons ou les rejetons, mais, qu'on le veuille ou non, les modèles sont transmis.

Les thèmes de vie s'expriment dans le « non-dit » des comporte-ments, on ne peut pas assister à la construction même de ces thèmes, mais seulement remonter à leurs sources et décrire les principaux mécanismes mis en œuvre. Dans un premier temps, nous allons évo-

---

1. L'hypothèse du linguiste Noam Chomsky à propos de l'existence d'une prédisposition innée au langage (grammaire universelle) semble validée par les découvertes des neurosciences.

quer les processus qui conduisent à la fabrication de « raccourcis cognitifs », et autres préjugés, puis dans un second temps, nous décrirons les sources émotionnelles (peur, désir, plaisir) des thèmes de vie.

La catégorisation

Croyances et valeurs résultent d'activités mentales qui organisent notre expérience en ensembles significatifs : le classement en catégories et la généralisation.

La catégorisation est définie[1] comme un processus cognitif qui consiste à regrouper des objets, des personnes, dans une même classe ou catégorie, en identifiant des caractéristiques communes à ces objets. Il semble que ce processus soit, d'une part, une propriété des réseaux neuronaux du cerveau et, d'autre part, une base[2] fondamentale de la représentation.

Il faut savoir que la catégorisation participe au développement de l'intelligence. Olivier Georgeon[3] explique :

« Un enfant de 3 ans sait déjà reconnaître qu'une cigogne est un oiseau au même titre qu'un moineau. Il a appris la catégorie *oiseau*.

Les catégories peuvent être apprises par généralisation ou par description. Vous avez sans doute appris la catégorie *oiseau* bien avant de recevoir un cours de sciences naturelles sur la taxonomie générale des êtres vivants. Ce cours vous a peut-être contraint à revoir votre conception des oiseaux en y incluant des animaux bizarres comme les autruches ou les manchots.

---

1. Source web : http://psychologie.ouvaton.org.
2. Eleanor Rosch, professeur de psychologie, est la cofondatrice du Programme de Sciences cognitives de l'université de Berkeley, en Californie, où elle exerce actuellement. Pour elle, la catégorisation est l'un des plus importants sujets de recherche en sciences cognitives.
3. Docteur en psychologie cognitive.

En psychologie cognitive, on distingue les catégories concrètes et les catégories abstraites. Les catégories concrètes sont celles pour lesquelles il existe un objet « prototypique » (*oiseau*), les catégories abstraites sont celles pour lesquelles il n'en existe pas (*vertébré*, car il n'y a pas vraiment de « vertébré moyen »).

Dans ses travaux, le professeur Eleanor Rosch définit la catégorie de base d'un objet comme la catégorie concrète dont le prototype est le plus proche de cet objet. Elle est variable selon l'individu : si je vous dis « *merle* » vous me répondrez *oiseau*, mais, si je vous dis *aigle* vous me répondrez peut-être *rapace*.

Notez qu'un même objet peut être classé sous une catégorie de base différente selon les propriétés envisagées : le canard est un *oiseau* s'il passe dans le ciel et une *volaille* s'il passe dans votre assiette. »

La généralisation

La généralisation correspond pour sa part à un processus cognitif par lequel les propriétés et les caractères observés sur un cas ou un nombre limité de cas sont étendus à l'ensemble d'une classe. La généralisation permet la catégorisation, et ces deux processus aboutissent à créer des stratégies mentales adaptées aux différentes situations rencontrées. Les raccourcis cognitifs sont fondés sur les généralisations et les catégorisations.

Dans *Dessine-moi l'intelligence*, Tony Buzan, explique[1] : « Notre cerveau effectue de multiples associations qui s'organisent en circuits stratégiques. Par exemple, quand nous apprenons quelque chose de nouveau, notre cerveau élabore une série d'associations destinées à intégrer l'information. La première fois, l'opération nécessite quelque effort et dure relativement longtemps, les fois suivantes, la tâche devient plus aisée. Après de nombreuses utilisations, la piste s'est muée en une sorte d'autoroute sur laquelle l'information circule vite et facilement. L'ennui, c'est que cette facilité nous incite davantage à utiliser la même stratégie qu'à en essayer d'autres car cela exigerait plus d'efforts. »

---

1. Tony Buzan, *Dessine-moi l'intelligence,* Éditions d'Organisation, 1995.

L'expression « raccourcis cognitifs » désigne des généralisations permettant d'évaluer rapidement une situation et de s'y adapter. Nous interprétons notre expérience en fonction des similitudes et des différences avec d'autres situations plus anciennes à l'issue desquelles nous avons sélectionné un comportement. Ensuite, tout se passe comme si on empruntait des chemins de traverse en négligeant de prendre en considération les informations nouvelles, inconnues, ou imprévues, pour foncer tout droit en un lieu connu, ou l'on se sent en sécurité, même si ce n'est pas exactement où l'on voulait aller ! Le comportement utile et efficace dans une situation n'est pas nécessairement transposable à d'autres cas, mais nous avons tendance à répéter des comportements, même insatisfaisants, au lieu d'en essayer d'autres.

Les raccourcis sont très pratiques : ils permettent d'aller plus vite en empruntant un chemin plus court, ce qui exclut certaines informations et limite notre perception de l'expérience à quelques éléments sélectionnés et jugés essentiels. Quand on connaît par cœur une recette, on ne consulte plus le livre de cuisine et l'on mesure intuitivement la quantité d'ingrédients nécessaires.

L'exemple des schémas heuristiques illustre comment s'élabore un raccourci cognitif. Un schéma heuristique montre comment les mots et les images s'associent à un sujet donné ; on utilise les schémas heuristiques pour la créativité, l'enseignement, et l'élaboration de projets personnels ou professionnels.

Notre pensée procède par associations et va beaucoup plus vite que la main qui l'écrit ou la dessine : nous créons des connexions entre différentes informations. Les schémas heuristiques[1] mettent à jour cette organisation. Pour point de départ du schéma, on choisit une idée, par exemple la « maison », on en fait une représentation gra-

---

1. Tony Buzan, fondateur de la Mensa, club de gens possédant un QI élevé, auteur de nombreux livres sur l'intelligence, a mis au point les schémas heuristiques, représentations graphiques destinées à stimuler la pensée créative.

phique, puis on y relie toutes les autres idées, ou images qui s'y rattachent ! Sur le même thème, chacun réalise un schéma tout à fait personnalisé, et toujours différent de celui des autres. Les raccourcis cognitifs ainsi tracés permettent ensuite d'aller rapidement à l'essentiel. Ils s'utilisent efficacement pour faire la synthèse d'un cours ou d'un document, et en faciliter la mémorisation. Bien sûr, il faut passer un certain temps pour trouver les points importants ou significatifs, mais une fois ce travail accompli, le sens global du document, son organisation logique et les points importants apparaissent immédiatement ! Mieux encore, la récupération des informations est plus rapide, plus précise que si l'on cherche à mémoriser l'ensemble sans « organiser » les contenus. Tony Buzan explique que les schémas heuristiques reflètent l'organisation du traitement de l'information par le cerveau : arborescences, niveaux logiques superposés, connexions entre ces niveaux, association de perceptions sensorielles et d'émotions. La méthode traditionnelle qui consiste à mémoriser de façon linéaire (petit « a », petit « b », etc.) demanderait au cerveau, selon cet auteur, des efforts plus importants pour un résultat moins efficace.

Les croyances

Préjugés et stéréotypes peuvent aussi se comparer à des raccourcis cognitifs, fondés sur la généralisation et la catégorisation. En effet, on définit les préjugés comme une prédisposition à adopter une attitude négative[1] envers des personnes ou des groupes. Les préjugés aboutissent à des stéréotypes[2] ou ensemble de croyances à l'égard d'un groupe ou d'une personne.

---

1. Allport, G. W., « The Historical Background of Modern Social Psychology », *in* G. Lindzey & E. Aronson, *The Handbook of Social Psychology. Reading,* Addison-Wesley, 1954.
2. Pour Myers, D.G. et Lamarche, L., [La psychologie sociale est] « l'étude scientifique de la façon dont les gens se perçoivent, s'influencent et entrent en relation les uns avec les autres », *Psychologie sociale,* New York, McGraw-Hill, 1992.

Les « croyances », évoquent les contextes religieux, pourtant il en existe beaucoup d'autres où elles s'exercent. Les idéologies notamment, délimitent le bien et le mal, le permis et l'interdit, les comportements compatibles avec la ligne directrice, et ceux qui s'en écartent.

Un autre préjugé s'attache à l'idée de croyance : quand on dit « croyance », beaucoup pensent « fausses croyances », or, le fait de croire n'est ni vrai ni faux. On qualifie une croyance de « fausse » quand on en choisit une autre mieux adaptée. Il n'en demeure pas moins qu'il s'agit toujours d'une croyance.

> *Danièle s'est longtemps crue incapable de réussir des études, pourtant, elle en rêvait. Elle explique à une amie : « J'ai dû quitter l'école à la fin du collège, je n'étais pas très douée. J'ai fait une formation d'aide comptable et, par chance, j'ai trouvé un travail. Je n'étais plus à la charge de ma famille, et j'étais contente, mais après quelques années, je m'ennuyais tellement, j'avais si peu de perspective de progression… Alors, j'ai repris mes études. J'ai passé mon bac, pour entrer en fac. J'étais vraiment surprise d'y arriver, je n'y croyais pas. Je me souvenais comme c'était pénible et difficile quand j'étais à l'école, là c'était différent, les cours du soir, l'ambiance, je me suis trouvée avec des gens comme moi, c'était difficile, mais je savais pourquoi il fallait bosser… En fait, à ma grande surprise, les choses devenaient plus faciles. Si en sortant du collège, on m'avait dit que je serais un jour avocate, jamais je ne l'aurais cru, et pourtant.*
>
> *Réussir mes études a complètement changé ma vie. J'ai enfin réussi à prendre confiance en moi, à me faire des amis. Aujourd'hui, je ne vois plus du tout les choses comme avant ! »*

Le thème de vie de Danièle lui interdisait beaucoup de choses. Elle se montrait très timide, craintive, plutôt frustrée. Ce qu'elle enviait chez les autres lui semblait hors de sa portée : confiance, compétence, réussite sociale. Danièle s'était toujours plus ou moins considérée comme « une charge » pour sa famille et s'était donc adaptée à la situation en accédant rapidement à son autonomie. Insatisfaite de sa situation, elle se sent en décalage par rapport aux thèmes de vie qui l'ont inspirée jusque-là. C'est ce décalage qui justifie sa décision. Cette fois, la motivation est très différente : Danièle est responsable de ses décisions, elle n'a aucun compte à rendre à sa famille, et elle parvient à surmonter les difficultés. Danièle a vu évoluer ses thèmes de vie, les anciennes croyances qui limitaient ses objectifs personnels ont perdu leur sens. Aujourd'hui, Danièle croit qu'elle est capable d'atteindre le but qu'elle s'est fixé, même si c'est difficile, en comptant sur sa motivation et ses qualités personnelles.

Les sources d'inspiration

L'expérience vécue

N'importe quelle expérience vécue peut devenir une référence, tout dépend du sens qu'on lui donne à un moment précis. Une référence est une croyance puissante qui s'exprime par le comportement. Un événement banal, une situation familière ou encore l'énième répétition d'une expérience passée peuvent fournir la base d'une référence. Ce processus s'opère, nous l'avons vu, grâce à la généralisation et la catégorisation. Au cours de cette expérience, un seuil est franchi : le sens de l'expérience et les représentations se modifient, le nouveau comportement qui s'installe traduit ce changement. Peu à peu, le comportement vient s'associer directement à l'expérience qui l'a déclenché et cette association constitue un de ces « raccourcis cognitifs » évoqués plus haut. L'expérience est une référence quand le comportement mis en place à cette occasion se répète dans des situations similaires. Une généralisation est effectuée : toute situation qui présente des similitudes avec l'expérience de référence conduit directement à la nouvelle croyance traduite par le comportement.

Lorsque le raccourci est bien établi, seuls quelques détails suffisent pour que le comportement se déclenche. Le contenu de l'expérience de référence disparaît de la mémoire consciente ; on ne se souvient pas des circonstances au cours desquelles on a appris le comportement, ce qui n'empêche pas de l'utiliser.

Une référence[1] se construit en quatre étapes :

- La personne vit une expérience qui change ses croyances précédentes.

---

1. Nous utilisons ici la version de la PNL.

* La personne utilise alors un nouveau comportement.
* Un « raccourci cognitif » se construit.
* Des liens d'équivalence ou de causalité s'organisent entre l'expérience et le comportement : une généralisation s'établit.

Le schéma ci-dessous montre le déroulement des quatre phases. Ainsi, les croyances qui déterminent nos choix et nos comportements se constituent sur la base de généralisations, et peu à peu aboutissent à la construction de nos thèmes de vie. Il apparaît que plus les raccourcis sont brefs, plus la croyance est rigide et contraignante. Plus les raccourcis comportent de carrefours, plus la croyance s'utilise avec souplesse.

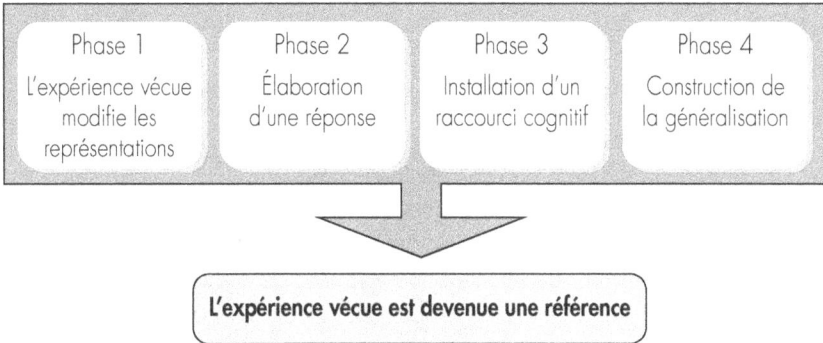

Phase 1	Phase 2	Phase 3	Phase 4
L'expérience vécue modifie les représentations	Élaboration d'une réponse	Installation d'un raccourci cognitif	Construction de la généralisation

L'expérience vécue est devenue une référence

Les modèles mentaux

Le psychologue américain Philip Johnson-Laird[1], de l'université de Princeton, a créé une méthode dite des « modèles mentaux » pour décrire le raisonnement. Selon lui, le raisonnement ne répond pas seulement aux règles de la logique classique. En fait, nous créons des modèles qui nous permettent de déduire des conclusions à partir d'indices, puis nous appliquons ces modèles à différentes situations. Ces modèles intègrent des images et d'autres informations sensorielles. Ils sont très performants car ils permettent d'aller très vite, des

---

1. Laird, Philip Johnson, *L'Ordinateur et L'esprit,* Éditions Odile Jacob, 1994.

prémisses à la conclusion. Toutefois, ils sont aussi à la source de beaucoup d'erreurs lorsqu'ils ne sont pas appliqués aux contextes appropriés. Ces modèles contiennent des croyances, et reflètent les thèmes de vie.

Voici deux affirmations pour illustrer la notion de « modèle mental » :

La victime a été poignardée dans une salle de cinéma.

Le suspect était dans un bateau entre Paris et New York au moment du crime.

Que peut-on en déduire ? Que le suspect est innocent bien sûr car on ne peut être à la fois au cinéma et en voyage. À moins de considérer que la salle de cinéma est dans le bateau qui mène de Paris à New York... Ou bien d'imaginer un scénario machiavélique plus complexe : le suspect a commandité un crime, il a mis en place auparavant un dispositif technique pour poignarder à distance sa victime.

On met en évidence l'application d'un modèle mental si on conclut à l'innocence du suspect à partir des prémisses 1 et 2. En effet, on n'a pas utilisé les règles de la logique qui ne permettaient pas de conclure à l'innocence du suspect. À la place, on s'est servi d'un modèle mental « on ne peut pas être à la fois en voyage et dans une salle de cinéma... », « on ne peut pas poignarder quelqu'un à distance. »

Selon Philip Johnson-Laird, notre pensée s'appuie sur de tels schémas déductifs. On raisonne avec des modèles, non avec la logique formelle.

Le côté positif, c'est le gain de temps, car s'il fallait à tout moment respecter les règles de la logique formelle, il ne serait plus possible de penser. Le côté négatif, c'est que ce mode de raisonnement peut être source d'erreurs car il exclut la vérification des faits.

Modèles mentaux et croyances relèvent davantage de notre expérience subjective que de la logique formelle, ils remplacent la réalité. Quelqu'un qui affirme : « Je ne lis jamais les modes d'emploi, ça ne sert à rien ! » utilise une généralisation qui ne rend compte ni de la réalité, ni de la logique, mais traduit l'application d'un modèle mental et d'une croyance.

La matière première : peur, désir, plaisir

Nos thèmes de vie reflètent aussi les émotions qui accompagnent nos expériences, notamment lorsque nous cherchons à satisfaire des objectifs vitaux et existentiels.

Les besoins fondamentaux de l'être humain[1] visent à satisfaire sa faim, les nécessités de sa reproduction, son besoin d'attachement, de reconnaissance et d'accomplissement de soi. Il met en œuvre des comportements en fonction de ces objectifs, il acquiert des connaissances, et développe des stratégies fondées sur des croyances et des raccourcis cognitifs.

Les émotions ressenties au cours d'une expérience participent à l'élaboration des thèmes de vie en y ajoutant des valeurs. Un thème de vie basé sur la curiosité, la découverte, l'apprentissage, le goût de l'aventure, la prise de risque attribue une valeur émotionnelle positive aux expériences, tandis que ces mêmes expériences prennent une valeur négative si le thème est inscrit dans la peur et le repli.

Par exemple, si vous vous sentez obligé de toujours dire la vérité, cela signifie que cette attitude est plus « économique » dans votre thème de vie, et comme vous croyez que c'est mieux d'agir ainsi, ce comportement vous apporte une gratification.

Une autre personne peut tout aussi bien affirmer et faire le contraire, sans pour autant s'inscrire en faux par rapport à ses propres croyances. Les émotions comme la peur, le désir et le plaisir sont toujours présents dans les thèmes de vie, elles font en effet partie des émotions fondamentales propres à tout être humain. La psychologie en définit généralement cinq : peur, désir, joie ou plaisir, dégoût, colère. Pour simplifier notre propos, nous avons retenu seulement les trois premières.

Ce remarquable trio émotionnel est connu des philosophes et des savants depuis la plus haute Antiquité. La psychologie cherche à comprendre comment elles motivent ou inhibent les comportements.

---

1. Selon la classification d'Abraham Maslow, *L'Accomplissement de soi*, Éditions Eyrolles, 2004.

Certaines approches philosophiques ou spirituelles s'efforcent d'aider les gens à prendre du recul par rapport à la peur, au désir et au plaisir, voire à s'affranchir des émotions. En effet, nul n'échappe aux émotions, elles sont liées aux besoins fondamentaux selon qu'ils sont satisfaits ou frustrés. La peur, le désir et le plaisir sont les expressions émotionnelles immédiates des comportements mis en place pour satisfaire nos besoins. Elles jouent ensuite un rôle de motivation, et leur influence est très importante sur tous nos comportements.

Si nous admettons que tout être humain est déterminé à préserver sa vie[1], il lui faut à la fois se protéger des dangers et partir à la découverte de son environnement. La peur l'aidera à reconnaître les dangers, le désir le guidera en aiguisant sa curiosité, la joie et le plaisir viendront valider ses démarches, attitudes et autres choix. L'équilibre est atteint lorsque la peur, le désir et le plaisir travaillent dans le sens de l'épanouissement. Si l'une de ces émotions domine au détriment des autres, l'existence devient soit une fuite perpétuelle soit une source d'insatisfaction permanente.

Dès le début de la vie, l'apprentissage sensoriel et émotionnel est mis en œuvre et ne cesse ensuite de se perfectionner. Les interactions avec l'environnement permettent d'exprimer certains comportements, et en inhibent d'autres. Enfin, différentes émotions soutiennent parfois un même comportement. Imaginons trois personnes qui font leur jogging un dimanche matin sur un chemin forestier. L'une craint de prendre du poids, s'astreint à un régime, s'oblige à faire du sport ; la seconde ne pense qu'à son prochain marathon et concentre toute son énergie vers ce but, la troisième éprouve un réel plaisir dans l'action de la course, elle ne saurait se passer de cette détente hebdomadaire, faire du sport participe à son bien-être. La première personne pilote sa course avec la peur, la seconde avec le désir, la troisième avec le plaisir. L'expérience est la même, mais chacun y attribue un sens personnel. Les motivations qui justifient nos décisions ne sont d'ailleurs pas nécessairement animées par une seule de ces émotions, mais un mélange personnalisé. Peur, désir et plaisir s'expriment de façon variée selon le contexte. C'est très diffé-

---

1. Cette idée se rapproche de l'intention positive, notion fondamentale en PNL.

rent en effet d'avoir peur de l'inconnu ou peur de se retrouver seul, pourtant, l'émotion est vécue comme une peur. En se combinant, ces émotions de base forment des ensembles complexes qui guident les comportements en toute situation.

Les peurs

Un dicton populaire prétend que la peur est le « commencement de la sagesse », ce qui met l'accent sur le rôle protecteur de cette émotion. Pourtant, il existe différentes sortes de peurs. En voici quelques exemples.

La peur de manquer

Elle se manifeste lorsqu'on a peur du lendemain, que la seule préoccupation est la survie immédiate. Cependant, on peut manquer parfois de l'essentiel sans pour autant éprouver la peur de manquer ! Ce sont les aspects subjectifs de cette peur qui participent à l'élaboration des thèmes de vie. La peur de manquer conduit ceux qui l'éprouvent à amasser autour d'eux des éléments qui vont les rassurer. Elle se traduit par exemple dans l'avarice, dans certaines attitudes de protection ou de repli, dans l'inaptitude à partager, et l'égoïsme.

La peur d'être seul

Pour certains, la solitude est la pire des situations. C'est le cas de ceux qui cherchent en permanence l'approbation des autres, n'arrivent pas à atteindre leur autonomie, ou choisissent de rester dans une relation même très insatisfaisante plutôt que d'être seuls. Pourtant, se sentir seul ne signifie pas forcément « être » seul. Avoir peur d'être seul déclenche des comportements spécifiques, mais le sentiment de solitude peut malgré tout persister.

La peur de ne pas être aimé

Elle est voisine de la précédente, à la différence près que ceux qui l'éprouvent se comportent de façon à obliger les autres à leur manifester des sentiments de sympathie, d'affection ou d'amour. Beaucoup de gens par exemple croient devoir approuver les autres ou encore les flatter pour être aimés. Ils n'osent jamais contredire ni donner un avis différent de crainte qu'on les rejette. La peur de ne pas être aimé complique énormément les relations affectives. En effet, si l'autre ne se plie pas aux attentes de son (sa) partenaire, il (elle) s'ingénie à le culpabiliser. Comment peut-on se montrer aussi cruel envers quelqu'un qui ne cherche qu'à prouver son amour ? La peur de ne pas être aimé donne naissance à de nombreuses stratégies de manipulations affectives.

La peur de disparaître

Celle à laquelle on pense en premier c'est, bien sûr, la peur de mourir. Comme cette issue est une donnée inéluctable, la plupart des gens s'interrogent à son sujet, sans nécessairement en avoir peur. Dans notre propos, la peur de disparaître est davantage la peur de ne pas être reconnu en tant que personne, ou pire encore, de perdre son statut de personne, de citoyen, de membre d'un groupe. Tout ce qui semble menacer notre identité peut alimenter la peur de disparaître. Certaines personnes par exemple ont très peur des progrès techniques qui menacent leur emploi, des fichiers informatiques qui menacent leur vie privée, et de tout ce qui de près ou de loin vient limiter la conscience qu'ils ont de leur identité d'être humain. La peur de disparaître anime les comportements destinés à attirer l'attention sur soi. Le pire qui puisse arriver à une personne qui pilote sa vie avec cette émotion serait de ne pas être reconnue ni même remarquée.

La peur de l'environnement

Le monde qui nous entoure est vécu de différentes manières : il peut être une mine inépuisable de découvertes et d'aventures passionnantes, ou le lieu de tous les dangers. Une rencontre, un voyage, une situation nouvelle, tout devient alors source d'inquiétude. L'attention se porte sur soi-même ; la personne pense à se protéger et non à explorer l'environnement même si les informations qu'il contient peuvent lui être utiles. La peur de l'environnement inclut la peur des autres. Ainsi, les difficultés relationnelles, l'intolérance, le dénigrement systématique s'expriment dans des comportements pilotés par la peur de l'environnement.

Cette peur affecte aussi le futur. Difficile à prévoir, il représente lui aussi une grave menace.

Les désirs

Le désir est la force qui pousse à explorer l'environnement, à sortir du cocon, à prendre des risques. Le désir s'oppose à la peur. On ne peut éprouver de curiosité que si le désir d'explorer le monde est plus fort que la crainte des menaces qu'il présente. Le désir se confond avec l'élan vital, et se manifeste dans plusieurs directions que nous décrivons de la façon suivante :

Le désir de possession

Il affecte la personne qui cherche à amasser des richesses, à s'entourer de signes indiquant sa prospérité. Le but à atteindre, c'est de se mettre en valeur en accumulant les indices. L'image de soi que renvoient les autres n'est déterminante qu'en apparence. Le plus important pour la personne animée du désir de possession est de correspondre à l'image valorisée qu'elle veut donner d'elle-même. Certains comportements comme l'accumulation de richesses sont communs au désir de possession et à la peur de manquer. Toutefois, les gens animés par la peur de manquer ne se sentent jamais riches, bien au contraire, tandis que ceux que motive le désir de posséder éprouvent une intense satisfaction lorsqu'ils atteignent leur but. Toutefois, cette satisfaction reste éphémère. En effet, si le désir domine, la personne doit s'investir rapidement dans une autre quête.

Le désir d'être unique

Il se situe à l'opposé de la peur d'être seul et de celle de disparaître. La personne qui en est animée cherche à prouver son existence en se plaçant autant qu'elle peut en contradiction, ou simplement en marge des autres. Ce qu'elle appelle sa liberté est la chose la plus importante pour elle. Il lui est difficile de se plier à des règles. Les comportements de recherche et de valorisation de l'autonomie caractérisent ce désir. C'est un désir largement exploité au plan commercial quand on vend des moyens de « personnaliser » son achat.

Le désir de plaire et d'être aimé

Intimement lié à la peur de ne pas être aimé, il conduit la personne à rechercher l'attention des autres. Toutefois, à l'inverse des comportements motivés par la peur, ceux qui manifestent le désir de plaire adoptent des comportements de séduction. La personne animée du désir de plaire cherche à donner d'elle-même une image agréable, attirante. Elle se montre attentive aux autres sans pour autant abandonner son autonomie. Faire plaisir aux autres, attirer vers soi l'intérêt et l'affection sont autant de comportements justifiés par le désir de plaire.

Le désir de dominer

Pour prouver son existence, l'un des meilleurs moyens consiste à dominer ce qui nous entoure. Les comportements qui expriment le désir de dominer sont tout à fait variés selon la représentation du pouvoir. Le désir de dominer peut donc s'exprimer dans de nombreux contextes. Les exploits dans la relation amoureuse, les prouesses sportives, la conquête des opinions reflètent généralement le désir de dominer. Cependant, l'investissement dans des relations d'aide, de tutorat, d'éducation ou de formation présente aussi des aspects liés au désir de dominer.

Le désir de connaissance

Il se situe à l'opposé de la peur de l'environnement. Tous les comportements d'exploration, de curiosité, de recherche qui viennent enrichir les perceptions et l'expérience relèvent de ce désir. La personne a conscience d'exister par sa capacité à apprendre, à découvrir, à ajouter sans cesse de nouvelles expériences à son actif.

Les plaisirs

Les comportements de recherche du plaisir s'orientent essentiellement vers des satisfactions sensorielles, et des gratifications matérielles (le désir de possession est souvent associé). Lorsque le plaisir anime les comportements, la personne considère son environnement d'un point de vue matériel et sensoriel. Par exemple, certains comportements de séduction relèvent essentiellement d'un pilotage par le plaisir. La personne ne s'intéresse pas réellement à l'autre, mais le considère comme un objet dont elle cherche à obtenir un maximum d'agrément !

Le plaisir ou le déplaisir résultent de l'action entreprise. Un comportement qui conduit à un échec ne procure pas de plaisir. Pour identifier la part du plaisir dans un thème de vie, nous allons chercher quels sont les bénéfices et les gratifications qu'il permet d'obtenir. Plus précisément, il s'agit de comprendre en quoi la recherche du plaisir justifie les comportements qu'on observe, et inspire le thème de vie.

Quelques indices révèlent l'influence du plaisir dans l'expression des thèmes de vie :

- Rechercher des résultats gratifiants immédiats. La recherche du plaisir exclut la patience. Il faut que le résultat soit rapide et agréable.
- Cultiver la joie de vivre, les sentiments, le sens de la beauté.
- L'insouciance, la gourmandise, la convivialité, ou la sensualité.
- L'attirance pour les sensations extrêmes, notamment dans les activités sportives.
- L'importance du présent : on néglige souvent les conséquences des actions entreprises.

Peur, désirs et plaisirs : sources des thèmes de vie

Peur de l'environnement Peur de disparaître Peur de ne pas être aimé Peur d'être seul Peur de manquer	Désir de connaissance Désir de dominer Désir de plaire, d'être aimé Désir d'être unique Désir de posséder

Plaisirs, et gratifications immédiates
Joie de vivre, sentiments, beauté
Insouciance, gourmandise, sensualité
Recherche de sensations extrêmes
Domination de l'instant présent

L'exemple d'Armelle illustre comment la façon dont elle se perçoit détermine la construction de son présent et de son devenir.

Armelle, âgée de quarante ans, est l'aînée d'une fratrie de six enfants. Très tôt, elle a joué pleinement son rôle de grande sœur, s'occupant des plus jeunes : « Cette grande famille me donnait des responsabilités. Je n'ai pas traîné dans l'enfance et encore moins dans l'adolescence. Je me considérais comme une petite grande personne, d'autant plus que j'avais plus de maturité. J'étais aussi très bonne élève… » En effet, Armelle a accompli de très brillantes études et occupe un poste de chercheur. Ce rôle de grande sœur ne s'est pourtant pas effacé. Les succès universitaires et professionnels l'ont amenée à se considérer un peu au-dessus des autres, et ont permis au rôle de se structurer en un puissant thème de vie. Ce thème, gratifiant sous certains aspects, présente aussi de grands inconvénients : Armelle n'arrive pas s'investir dans une relation sentimentale et amoureuse. Ses rares aventures se terminent par des échecs et des désillusions. Elle continue à se conduire en grande sœur qui sait tout et qui a une longueur d'avance sur les autres. Elle ne parvient pas assumer un rôle de complice, de partenaire pour jouer à égalité dans une relation amoureuse.

Quel que soit le rôle que joue Armelle, le plaisir ne la guide jamais. Tournée en permanence vers le futur, elle s'occupe du présent en fonction des résultats qu'elle espère, et prépare. Le sens des responsabilités d'Armelle se répartit entre le désir d'affirmer son pouvoir personnel sur les événements, l'adversité, et la peur de l'échec… Elle peut même aller jusqu'à s'attribuer les échecs des autres, ce qui représente une sorte d'abus de pouvoir !

Mathilde, 30 ans, est assistante de direction. Elle se dit très épanouie dans son travail, et dans ses rôles familiaux. Elle est également très jolie, et vu de l'extérieur, tout semble pour le mieux dans le meilleur des mondes. Pourtant, Mathilde n'est pas pleinement heureuse, loin s'en faut. Elle me confie qu'elle a beaucoup de mal à se faire des amis. Elle dit que ses collègues la trouvent hautaine. Je lui pose quelques questions sur l'ambiance de ses relations au travail. Mathilde me fait part de sa crainte d'être (mal) jugée, ou bien dupée. Elle se met en position d'infériorité et se méfie des autres. Elle surveille de près ce qu'elle dit de crainte que ce soit mal interprété. Toutefois, elle

> *précise qu'en famille elle n'éprouve jamais ce genre de choses.*
> *Quand je lui demande de s'imaginer plus décontractée dans ses rela-*
> *tions de travail elle me dit : « Non, je suis incapable de faire ça. Je ne*
> *me sens pas à égalité avec les autres. Je sens qu'ils cherchent à me*
> *mettre en défaut. Je dois me protéger... »*

Mathilde s'est forgée une image dévalorisée d'elle-même. Différentes peurs l'animent au cours de ses relations avec les autres. Elle reste en permanence sur la défensive. Se « décontracter », se « lâcher » la rendrait vulnérable, et cette idée lui interdit toute prise de risque relationnel.

CHAPITRE 3

Un spectateur attentif

Observer les thèmes de vie c'est d'abord une affaire d'émotion. Tout se passe comme au théâtre : on s'identifie aux personnages, on éprouve ce qu'ils ressentent et transmettent par leurs paroles et leurs attitudes... La lecture des thèmes de vie s'effectue à différents niveaux de la communication.

Le spectateur ne saurait demeurer passif, il participe pleinement à la situation et devient « acteur » de la pièce ; il y joue son propre thème et s'implique dans le jeu de ses partenaires. Observer et comprendre les thèmes de vie exige de faire la part de sa propre subjectivité et d'accepter de jouer son rôle.

Tous les comportements d'une personne présentent des points communs qui traduisent l'influence de ses thèmes de vie. Ces similitudes représentent le sens que l'auteur leur attribue et le message qu'il communique aux spectateurs.

Pour faciliter la lecture et la compréhension des thèmes de vie, quelques outils d'observation, des points de repère et des attitudes personnelles appropriées nous seront indispensables.

Les attitudes utiles

Les thèmes de vie se manifestent dans le comportement des individus et les situations de communication. En situation de communication, chacun s'influence en interprétant les messages que les autres transmettent. On admet généralement que notre cerveau[1] traite l'information à la fois sur un mode logique ou analytique, et intuitif ou global. Ces deux modes de traitement de l'information correspondent à la distinction entre cerveau droit et cerveau gauche, connue de longue date et utilisée afin de mieux s'organiser, mémoriser, et optimiser ses ressources[2] mentales.

La communication se situe à la fois au niveau de l'information, et de la relation. Ainsi, quand on parle avec des collègues de la pluie et du beau temps, il ne s'agit pas d'une conversation purement météorologique, mais d'un échange relationnel, une sorte de rite psychosocial.

La communication se compose d'éléments verbaux et non verbaux. Le langage verbal représente environ vingt-cinq pour cent de l'expression globale, tandis que le non verbal en détient soixante-quinze pour cent. S'il semble qu'on transmette davantage d'informations par les mots que par les autres moyens, c'est parce qu'on a pour habitude d'y porter toute l'attention. Notre cerveau traite les informations verbales de façon logique, alors que leur accompagnement non verbal est capté et interprété de façon globale, intuitive.

Certains auteurs opposent[3] le verbal au non verbal. Ce dernier, plus difficile à contrôler, est supposé mieux refléter la réalité de la personne. Bien qu'elle repose sur des observations réalistes, cette approche ne peut décrire toute la complexité de la communication. Il arrive que les messages verbaux et non verbaux soient contradictoires et même parfois incohérents. Cette ambiguïté rend l'autre « illisible » et déclenche un sentiment d'incompréhension.

Quand les signes verbaux et non verbaux expriment la même idée, le message est cohérent, facile à lire et à comprendre. Chaque interlocuteur se sent à l'aise. L'expression des thèmes de vie échappe à

---

1. Jean-Pol Tassin, directeur de recherche à l'Inserm, l'explique dans ses travaux, *Somatisation, psychanalyse et sciences du vivant*, ouvrage collectif sous la direction de I. Billiard, Éditions Eshel, 1994 ; R. Frydman et M. Szeger, *Le Bébé dans tous ses états*, Éditions Odile Jacob, 1998.
2. Edward de Bono, *Réfléchir mieux*, Éditions d'Organisation, 1991.
3. Les nombreux ouvrages de Jacques Salomé, entre autres, illustrent cette position.

notre contrôle, tout comme les signes non verbaux, car on n'est jamais conscient de tous les messages transmis simultanément. Pour observer avec efficacité, quelques repères seront utiles.

Organiser son attention

Le spectateur intelligent, grâce à la qualité de son attention, capte et organise de nombreuses informations. Ce n'est pas en essayant de se forcer qu'on arrive au meilleur résultat. Plus on tente de tout observer, plus on passe à côté de l'essentiel. L'information est captée par nos sens, et l'on ne peut être consciemment attentif qu'à un seul sens à la fois[1]. Les difficultés s'articulent autour de deux axes. Tout d'abord, si on concentre son attention sur ce que l'on voit, on ne devient ni sourd ni insensible. En second lieu, si on s'efforce de passer le plus rapidement possible d'un canal sensoriel à un autre, ce qui exige une grande vivacité et dépense beaucoup d'énergie, on ne parvient qu'à accumuler des détails, sans qu'il soit possible de repérer le thème de vie.

Si on adopte une approche globale de la communication, on admet alors que l'ensemble est différent de la somme des éléments qui le composent. Cette notion, empruntée à la théorie des groupes du mathématicien français, Évariste Gallois, a été reprise par les chercheurs de l'école de Palo Alto et développée notamment par Paul Watzlawick[2].

Les thèmes de vie ne sont pas réductibles à la somme de leurs détails. Pour une observation précise et réaliste, il faut exercer une attention globale et non analytique. Les émotions que nous éprouvons en face d'un interlocuteur vont nous servir de guide.

---

1. Genie Z. Laborde, PH.D, *Influencing with Integrity,* Science and Behavior Books, 1984.
2. L'école de Palo Alto est un mouvement de pensée qui a rassemblé les travaux de nombreux spécialistes de différentes disciplines à propos notamment de la communication. Ces chercheurs ont, dès les années 1960-1970, permis de renouveler les approches théoriques en ce domaine. On leur doit notamment le fait d'avoir apporté une critique constructive au modèle de transmission de l'information pour aboutir à la notion d'interaction. Paul Watzlawick a publié plusieurs ouvrages traduits en français, voir bibliographie.

Nous savons que, dans la communication, s'instaure un certain degré de mimétisme[1] entre les acteurs impliqués, qui permet de transmettre des informations ayant trait aux états d'âme de chacun, à leurs sentiments, leurs émotions… Pour devenir un observateur compétent, nous devons tenir compte de ces informations. L'intelligence « émotionnelle[2] » permet de faire preuve d'intuition dans les situations relationnelles, d'être à l'écoute des autres, de mieux comprendre leurs points de vue, leurs attentes, leurs objectifs.

Pour développer l'intuition, on peut s'entraîner à observer un ensemble de points de repère au niveau verbal et non verbal. Richard Bandler et John Grinder[3] ont montré comment étendre nos capacités d'observation en intégrant progressivement différents éléments : son de la voix, gestes, postures…

On commence par dresser la liste des éléments qu'on souhaite intégrer dans l'observation, puis, en situation de spectateur, on repère le premier de la liste, avant de passer aux suivants. De nombreuses occasions d'observer se présentent dans la vie quotidienne, chaque fois qu'on se trouve près de gens impliqués dans toutes sortes d'interactions. Il est primordial de prendre tout son temps et de ne changer d'élément à observer que lorsqu'on ne fait plus aucun effort conscient pour le remarquer. Bien qu'un peu longue et parfois fastidieuse, cette méthode[4] donne d'excellents résultats parce qu'elle permet d'intégrer de très nombreux éléments significatifs. Chaque point vient naturellement s'ajouter aux autres déjà intégrés, ce qui permet de se concentrer uniquement sur ce qu'on est en train d'observer. Plus les éléments sont nombreux et précis, plus notre outil se perfectionne. Des modèles mentaux se construisent, et à partir de là, le tra-

---

1. *Le grand livre de la PNL,* op cit.
2. Daniel Goleman, *L'intelligence émotionnelle*, Robert Laffont, 1997. L'intelligence émotionnelle est constituée de cinq grands composants : la conscience de ses émotions, la maîtrise de ses émotions, la capacité de se motiver, l'empathie et la maîtrise des relations avec les autres.
3. Richard Bandler et John Grinder, *The Structure of Magic,* Science and Behavior Books, 1975.
4. Richard Bandler et John Grinder l'expliquent en détail dans le premier tome de leur ouvrage *The Structure of Magic,* Science and Behavior Books, 1975.

vail s'effectue très rapidement. Le repérage des détails appartient désormais au domaine des compétences inconscientes, seules les informations inhabituelles, incohérentes, ou ambiguës retiennent alors l'attention consciente.

Être présent dans l'interaction

Ayant confié à nos compétences inconscientes la fastidieuse observation des petits détails, nous allons accéder à un autre niveau de compétence pour être réellement présent dans l'interaction.

Plus notre attention s'ouvre à l'autre et plus il nous livre d'informations. La PNL insiste beaucoup sur l'importance de l'empathie pour établir un contact positif avec l'interlocuteur, et construire une relation de qualité.

La réceptivité, la tolérance, la bienveillance sont indispensables, dès lors qu'on s'intéresse sincèrement aux autres. Un climat de confiance s'installe. Pour être présent dans l'interaction, il suffit d'écouter sans penser à autre chose. Plus nous pensons à trouver une réponse et moins nous écoutons. Plus nous sommes attentifs aux messages de l'interlocuteur, plus les réponses appropriées apparaissent facilement. Une des principales difficultés consiste à être dans le présent, et non dans le futur, en train de préparer une réponse, ou dans le passé en train de ressasser quelque chose qui vient de se passer.

La communication n'est pas un tableau figé, mais un processus dynamique qu'il convient de vivre en temps réel. Certains observateurs prétendent ne prêter qu'une modeste attention aux contenus du discours, pour se concentrer sur les sensations et émotions qu'ils éprouvent au moment où leur interlocuteur s'exprime. D'autres fondent leur impression sur une image globale…

Être totalement présent dans l'interaction garantit le recueil d'une information de qualité. En effet, une grande partie du sens donné aux messages provient de la combinaison simultanée des signes. Quand on reste coincé dans l'analyse et le décodage, on est moins présent dans l'action en cours. La synthèse des éléments relevés s'effectue de façon intuitive, sous la forme d'une sensation, d'une émotion, d'un sentiment ; le dialogue intérieur doit être mis entre parenthèses.

Cette qualité de présence est voisine de la concentration demandée aux sportifs. Imaginez un instant les résultats d'un dialogue intérieur sur la performance d'un champion de tennis. Pendant qu'il se fait des réflexions ou des commentaires, l'adversaire marque des points, car il réagit au jeu de l'autre sans réfléchir consciemment, et se trouve alors exactement au bon endroit au bon moment.

Éviter le piège de la neutralité

Croire qu'on peut être neutre dans une situation de communication est un piège redoutable.

Si l'on admet que l'on ne peut pas ne pas communiquer[1], on comprend que la neutralité ne peut pas exister dans une situation de communication. La communication est autant une affaire d'information que de relation. Le comportement de chaque partenaire impliqué exerce une influence sur celui des autres. Chaque interlocuteur construit en permanence du sens et des messages en fonction de ses points de repère intérieurs (ses intentions, ses croyances, ses thèmes de vie) et extérieurs (les signes émanant des autres). Quand on veut rester neutre, ne pas s'impliquer dans la communication, on exprime un ensemble de signes ambigus. L'interlocuteur ne sait plus quelle position adopter, en l'absence de signes clairs. Dans de nombreuses situations, plus on se compose une attitude de neutralité et plus on reçoit de messages ambigus. Reconnaissons également que la neutralité est souvent une attitude factice.

Bannir la neutralité ne signifie pas qu'il faille s'engager dans de véhémentes prises de position ou émettre des jugements de valeur. À défaut d'être neutre, nous pouvons améliorer notre objectivité, d'une part en prenant conscience des thèmes de vie qui nous inspirent, d'autre part en évitant de juger les autres.

Les jugements de valeur limitent notre perception de l'autre, quelle que soit la nature de la relation. Quand nous explorons les thèmes de vie, nous cherchons seulement à évaluer s'ils sont adaptés et nous permettent d'atteindre nos buts.

---

1. Gregory Bateson, *Vers une écologie de l'esprit*, Le Seuil, 1977.

L'idée, c'est qu'en situation de communication, pour effectuer une observation réaliste, il est plus intéressant de favoriser l'expression de son interlocuteur que de lui donner des conseils. Notre qualité d'écoute va libérer la qualité d'expression. Mieux vaut apprendre à organiser son attention que de chercher à entrer dans des attitudes stéréotypées.

Le repérage des non-dits

L'observation du comportement non verbal apporte de précieuses indications sur les thèmes de vie : les émotions, les intentions et le rapport au monde.

Le rapport à l'espace

Avant de concentrer ses travaux sur la perception culturelle du temps, l'anthropologue Edward T. Hall[1] a été l'un des premiers à étudier le rapport à l'espace, cette dimension du comportement qui résulte de l'apprentissage culturel autant que de traits psychologiques personnels. Pour désigner son champ de recherche et décrire ses observations, Edward T. Hall a utilisé le terme de « proxémie ». Ainsi, il nous apprend à observer les différentes habitudes d'occupation de l'espace comme la distance conversationnelle et l'investissement socioculturel et psychoaffectif des différentes pièces d'une habitation[2] ou d'un lieu de travail.

Les particularités individuelles illustrent l'influence des thèmes de vie. Le rapport à l'espace traduit le climat psychologique des relations avec le monde extérieur, notamment les sources émotionnelles des thèmes de vie : peur, désir et plaisir.

Le rapport à l'espace se manifeste dans l'occupation du territoire et l'utilisation des distances conversationnelles. Nous interprétons ces observations en fonction de nos propres critères et de nos thèmes de vie, c'est pourquoi nous devons commencer par les explorer.

---

1. *Cf.* bibliographie.
2. L'auteur décrit comment certaines pièces de l'habitation ou du lieu de travail sont considérées comme des « territoires personnels» et en quoi cela modifie les rapports entre les gens en termes d'influence, de pouvoir ou de hiérarchie.

L'occupation d'un territoire, c'est la façon de s'approprier l'espace relationnel. Lorsque vous recevez un interlocuteur dans votre bureau, vous êtes sur votre territoire, et il existe des frontières à ne pas dépasser bien qu'aucune ligne n'indique jusqu'où le visiteur est autorisé à avancer ! Il suffit qu'elles soient franchies pour déclencher une réaction de défense.

Si nous changeons les rôles : imaginez que vous êtes reçu pour un entretien. Inconsciemment, vous allez chercher à vous mettre à l'aise en investissant une parcelle du territoire étranger sur lequel vous vous trouvez. Jusqu'où vous autorisez-vous à aller ? Avant d'y avoir pensé, ou de l'avoir observé dans des réunions, nous ne sommes pas conscients de cette prise de territoire, tant notre rapport à l'espace nous semble naturel ! Pourtant, n'avez-vous jamais éprouvé un certain inconfort devant des personnes qui envahissent votre territoire ?

Cette occupation s'effectue avec « l'air qu'on déplace » comme avec les gestes et la voix. Il y a autant d'intrusion avec un volume sonore élevé qu'avec une occupation gestuelle ou posturale. En famille, et en couple[1], certains espaces de l'habitation sont partagés, d'autres font l'objet de contestations ! Un parent qui entre dans la chambre de l'enfant est souvent considéré comme un intrus. À l'intérieur de l'habitation, il y a des espaces neutres, et d'autres appartenant à l'un des occupants, en cas de conflit, certains espaces jouent en faveur ou bien désavantagent l'un ou l'autre protagoniste…

L'occupation du territoire se manifeste aussi par l'utilisation personnelle de la distance conversationnelle. En effet, on se place, à une certaine distance de l'interlocuteur en fonction de critères culturels, et de nos thèmes de vie. Pour avoir le sentiment de communiquer vraiment, il ne faut être ni trop loin ni trop près !

Plus on utilise d'espace dans la relation et plus on exprime un besoin d'attirer l'attention. Limiter ou se contenter d'une petite place donne l'impression de se réduire ou de perdre de l'importance en tant que

---

1. Docteur Patrice Cudicio, Catherine Cudicio, *Le Couple et la communication*, OEM, 2000.

personne. Cela traduit à la fois un manque d'assurance, et une image de soi décalée par rapport à celle qu'exprime le comportement. On observe alors que la personne jalonne l'espace qu'elle s'octroie en y posant des objets. Dans le cas d'un entretien dans un bureau, on assiste à l'apparition successive de divers papiers, documents, brochures, stylos, porte-documents, manteau, et autres jalons. Une personne qui se sent réellement sûre d'elle-même et de ses compétences ne cherche pas à envahir l'espace et se contente de la place qui lui semble attribuée sans chercher autre chose qu'un confort légitime.

Les métaphores guerrières illustrent certaines attitudes : conquête, appropriation, collaboration, camouflage, exploration, utilisation, et autres stratégies ! Le schéma suivant résume les grandes lignes du rapport à l'espace. Très succinctement, on observe que plus l'individu occupe d'espace plus le sens de son comportement est orienté vers la domination. Son thème de vie s'inscrit dans la peur de ne pas exister et le désir d'exercer du pouvoir sur ce qui l'entoure. Une occupation naturelle de l'espace mis à disposition indique une bonne capacité d'adaptation. Le thème de vie reste souple, animé par le désir de connaissance, la curiosité. Plus la personne essaie de réduire sa place dans l'espace et plus elle donne l'impression d'avoir besoin de se protéger. Son thème de vie s'inscrit dans la peur des autres, peur d'être jugé et de ne pas être aimé, peur d'être abandonné…

Lire l'organisation posturale

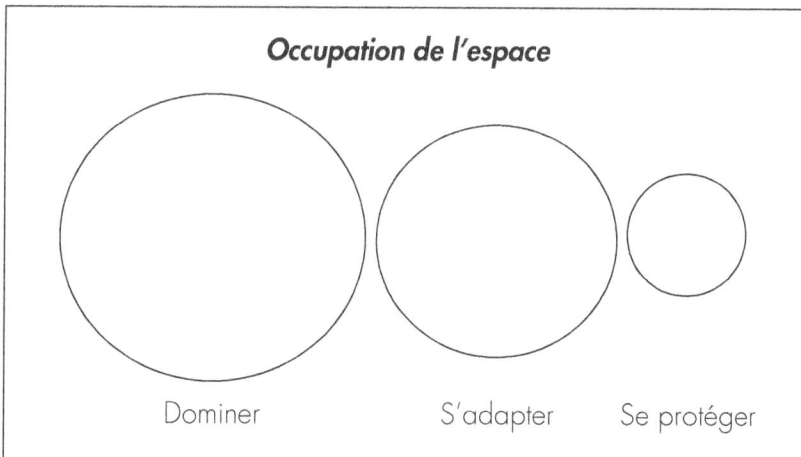

Occupation de l'espace

Dominer   S'adapter   Se protéger

La distance relationnelle illustre aussi le rapport au monde extérieur, elle traduit des données d'ordre culturel et psychologique. Si votre interlocuteur ne se place pas à la bonne distance, vous éprouvez une sensation d'inconfort. D'instinct, vous vous déplacez pour la modifier, et vice versa. Connaître sa propre distance relationnelle permet de mieux s'adapter à celle des autres et à nuancer ses positions. En effet, si cette distance n'est pas respectée, cela provoque parfois de l'irritation ou de l'agacement car on a l'impression que l'autre envahit l'espace.

Les personnes qui entrent en confiance dans la relation se mettent généralement d'emblée dans la distance optimale. Elles se laissent guider par la qualité de l'attention portée aux autres. Plus on demeure centré sur soi et moins on fait attention à son interlocuteur. Il s'agit d'organiser son attention et de se laisser guider par l'intuition. En France, la distance généralement utilisée mesure environ la longueur d'un bras tendu, lorsque les deux personnes sont debout en face à face. La distance relationnelle diminue légèrement quand les personnes sont de trois quarts, elle augmente un peu s'il existe une grande différence de taille entre les deux interlocuteurs. Quand l'interlocuteur n'inscrit pas son comportement dans ces habitudes, nous le ressentons très vite. Soit, il vient trop près, soit il est trop loin. Dans le premier cas, nous le percevons comme un intrus, dans le second, il nous donne l'impression de rester sur la défensive et de ne pas vouloir entrer dans le jeu relationnel. Dans ces deux cas, la personne tient plus à son confort qu'à celui de l'autre, on peut donc deviner qu'elle est plus centrée sur elle-même que présente dans la relation, et donc qu'une partie de son comportement est pilotée par la recherche du plaisir ou l'évitement d'une frustration.

La première impression

Quand on rencontre quelqu'un pour la première fois, on ressent une impression globale sans vraiment savoir sur quoi elle est fondée à moins d'avoir cherché à l'explorer. La première impression ne se fonde pas sur une analyse objective du comportement, même si on tente de se justifier à la suite d'un sentiment défavorable. Nous effectuons une lecture rapide des signes exprimés par l'interlocuteur, ce qui nous renvoie généralement à un modèle mental lié à une bonne ou mauvaise expérience de référence. Si certains détails nous font penser à quelqu'un que nous n'aimons pas, ce sentiment peut se transposer sur l'interlocuteur sans qu'il ait commis une maladresse quelconque.

La première impression peut également devenir une expérience de référence. Quand nous sommes dans une nouvelle situation relationnelle, nous ressentons le besoin de trouver des repères pour gérer nos incertitudes à propos de notre interlocuteur. De nombreuses questions surgissent alors : qu'est-ce qui motive cette personne, que va-t-elle décider, quels sont ses attentes, ses intentions, ses buts ?

Nous cherchons alors systématiquement des similarités avec une expérience déjà connue et construisons des raccourcis cognitifs. Une évaluation hâtive et peu étayée s'élabore, s'intègre à nos thèmes de vie, et renforce les croyances qui les composent. Si l'on se forge une mauvaise impression au départ, on a tendance à chercher et à trouver des preuves pour la justifier. Une bonne connaissance de nos références, alliée à une bonne observation, nous permettra de faire la part des choses et notre première impression gagnera en fiabilité.

Sans entrer dans les détails, plus nous observons de cohérence dans le comportement de l'interlocuteur et plus notre première impression est précise parce que les messages transmis sont clairs et lisibles.

Au-delà d'une simple cohérence entre les mots et les signes non verbaux, il existe une notion de présence à soi-même. Le corps est comme une maison qu'on habite. Soit on y est vraiment installé, soit on y loge seulement de temps en temps selon les rôles qu'on lui demande de jouer, ou bien encore on y séjourne comme à l'hôtel.

Sur le plan pratique, on va chercher à savoir si la personne associe ou dissocie les signes d'expression de son comportement. Plus les signes sont associés, c'est-à-dire groupés et porteurs de la même intention, plus la personne donne l'impression d'être présente en elle, ou d'habiter réellement dans son corps. Inversement, plus les signes du comportement sont dissociés et semblent s'exprimer chacun pour son compte, et plus la personne donne l'impression d'être ailleurs, de ne pas habiter son corps. Cela correspond à la manière dont la personne pilote ses décisions et ses comportements. Le thème de vie qui anime alors le comportement révèle les croyances négatives ou positives liées à la représentation de soi.

Le sport comme les techniques psychocorporelles[1] utilisent l'idée de présence à soi-même et enseignent comment y parvenir. En effet, associer tous ses moyens d'expression permet de se détendre et de se concentrer sur un sujet de méditation ou un objectif. Comment pourrait-on envisager la moindre performance si on demeure dissocié de son propre corps ? Des démarches spirituelles comme le Zen, le Yoga, et certains arts martiaux d'Extrême-Orient privilégient également cette qualité.

L'observation des différents signes verbaux et non verbaux, leur cohérence les uns par rapport aux autres permet de savoir si l'interlocuteur est réellement présent à lui-même. Il suffit pour cela de concentrer son attention sur un message et d'observer s'il s'intègre dans un tout harmonieux. Par exemple, on fixe son attention sur l'orientation posturale et on la compare aux autres signes perceptibles simultanément. Quand cette vérification est bien établie, on passe à une autre série, et ainsi de suite. Plus on intègre d'éléments dans son observation, plus la perception d'ensemble est pertinente et précise car nous développons à chaque fois des modèles.

Le comportement postural et gestuel

L'utilisation de l'espace et la présence à soi-même

Ce sont les premiers indices révélateurs des thèmes de vie de notre interlocuteur. Quand la communication s'établit, d'autres détails apparaissent, plus spécifiques : les postures et les gestes. On n'insiste jamais assez sur l'intérêt de bien observer ces comportements, souvent négligés au profit des mots. Pourtant, la dimension non verbale est incontournable. Dans l'Antiquité grecque, l'enseignement de la

---

1. Claude Boiocchi, *Équilibre et vitalité*, Carnot, Paris, 2004.

rhétorique[1] passait par l'apprentissage de techniques linguistiques et gestuelles. Un discours n'était valable que si l'orateur parvenait à le faire vivre chez les auditeurs en utilisant tous ses moyens d'expression. La maîtrise du son de la voix bien sûr, mais aussi la gestuelle et la mimique faisaient partie de cet apprentissage.

Le rapport à l'espace, les postures et les gestes sont des éléments révélateurs et très faciles à observer.

Pour qualifier les postures quatre indices suffisent :

* La quantité d'espace requise.
* L'orientation par rapport à la verticalité.
* L'association ou la dissociation des différentes parties du corps.
* Les changements de posture.

Le sens global de la posture transmet l'un des messages suivants :

* Séduire, dominer.
* Se protéger.
* S'ouvrir, explorer.

Le rapport à l'espace décrit constitue un bon indicateur de la confiance en soi, de la crainte ou du désir d'explorer le monde extérieur.

L'orientation de la posture par rapport à la verticalité

Elle apporte d'autres éléments. Comment se tient-on debout ? Est-on penché en avant ou en arrière ? Un fardeau pèse-t-il sur les épaules ou le dos ? L'orientation de la posture transmet des messages intéressants : plus elle s'éloigne de la verticalité, plus l'équilibre est menacé. La protection, la domination ou la séduction, l'ouverture et l'exploration s'expriment très lisiblement à ce niveau de l'observation.

---

1. Olivier Reboul décrit ces apprentissages dans *La Rhétorique*, Que Sais-je ?, 1984. « L'action [du discours] est le passage à l'acte, la prononciation du discours, avec les gestes et les mimiques appropriés. Sans elle, le discours le plus sublime ne passerait pas la rampe. C'est pourquoi Démosthène disait que la première qualité de l'orateur est l'action, la deuxième l'action, la troisième l'action... »

Quelqu'un qui cherche à se protéger se tient de façon à cacher ce qu'il ressent comme un point de fragilité. Or, au niveau du corps, la partie ressentie comme la plus vulnérable se situe dans une zone comprise entre la gorge et le bas du ventre. Pour se protéger, la personne a tendance à se resserrer vers l'avant. La tête peut aussi demander protection. Dans ce cas, la personne l'enfonce entre ses épaules en position haute, à la manière des tortues qui disparaissent dans leur carapace. Ce mouvement s'effectue en rompant vers l'avant par rapport à l'axe vertical. Enfin, lorsque la personne se sent écrasée par une difficulté, l'accablement se manifeste au niveau du dos ou du cou. Ces attitudes correspondent à des stratégies de protection, et des thèmes de vie enracinés dans la peur.

Les messages de domination ou de séduction utilisent des attitudes très proches de l'axe vertical, ou, légèrement orientées vers l'arrière. Quelqu'un qui bombe le torse, relève le menton, projette ses épaules en arrière se donne de l'importance. Il occupe beaucoup de place dans l'espace et traduit une certaine forme d'agressivité, à la manière des grands singes qui se gonflent d'importance et se frappent la poitrine pour impressionner leurs rivaux ! On peut se gonfler d'importance dans d'autres situations. Par exemple, certaines personnes adorent jouer un rôle protecteur à l'égard des autres, il leur faut donc offrir une image rassurante. Personne ne se sentirait en sécurité près d'un freluquet recroquevillé sur lui-même ! Ce rôle protecteur envers les autres peut être compris comme de la domination. On ne protège que ceux qui semblent plus faibles. Ces attitudes indiquent aussi le désir d'attirer l'attention, soit pour séduire, soit pour dominer, protéger ou impressionner. Les thèmes de vie associés sont le plus souvent guidés par le désir, bien que la peur n'en soit jamais exclue.

Le schéma ci-après illustre sommairement les axes de lecture de la posture en fonction de la verticalité.

L'association ou la dissociation des différentes parties du corps

Elle révèle la cohérence intérieure, la qualité de la présence à soi-même comme nous l'avons évoqué plus haut. Il existe des attitudes posturales associées très intéressantes à observer. C'est le cas de la

Lire l'organisation posturale

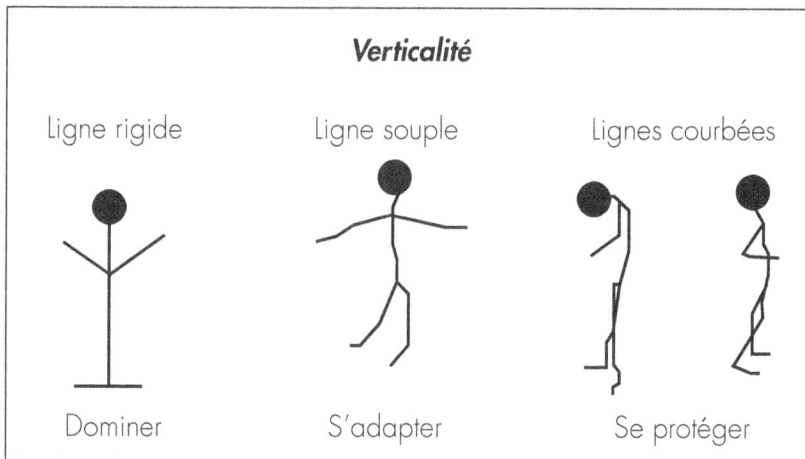

Verticalité

Ligne rigide — Ligne souple — Lignes courbées

Dominer — S'adapter — Se protéger

relation entre la tête, le cou et les épaules. Quand la personne « fait la tortue », elle exprime un besoin de se protéger. Quand on voit quelqu'un pencher la tête d'un côté ou de l'autre, cela indique une attitude d'écoute, d'attention à l'autre, mais aussi un désir d'être aimé ou de séduire. La tête penchée vers l'épaule est un signe affectif et essentiellement féminin. Dans l'imagerie traditionnelle occidentale, la vierge à l'enfant, symbole de l'amour maternel, n'est jamais représentée avec un port de tête droit et rigide. Au contraire, la tête inclinée, le regard dirigé vers le bas, elle semble cajoler le précieux fardeau qu'elle tient dans les bras et qui capte toute son attention.

Dans notre tradition culturelle, autant cette organisation posturale semble naturelle chez une femme, autant elle apparaît affectée si c'est un homme qui l'adopte, à moins que le mouvement soit très léger et plus orienté vers l'avant que vers le côté ; dans ce cas, il s'agit le plus souvent d'un signe d'approbation, de bienveillance ou de protection. Si cette attitude s'inscrit dans un rythme rapide, et décrit une courbe importante (le côté de la tête frôle l'épaule), elle paraît aussi maniérée quel que soit le sexe. Plusieurs interprétations sont possibles, cette attitude posturale indique un rapport avec le désir mais surtout le plaisir, et non avec la peur. Lorsque la personne adopte cette posture dans la conversation, et de façon très légère, c'est un indice d'écoute.

D'autres attitudes posturales associées peuvent être observées, par exemple l'harmonie ou la dysharmonie entre le haut et le bas du corps. Il y a parfois une dissociation entre les deux. Le plus souvent, on observe que le bas du corps, des hanches aux pieds, est figé ou très peu mobile tandis que l'essentiel de l'expression gestuelle et posturale est centré en haut, au niveau du torse, de la tête et des bras.

Une femme chaussée de talons aiguilles, portant une jupe étroite et s'efforçant de marcher très vite donnerait une idée de ce type d'organisation posturale. Les mouvements sont comme entravés des hanches aux pieds, il ne reste que les bras, le torse et la tête qui peuvent s'exprimer dans la posture et les gestes ! La façon dont on est habillé ne compte pas au premier degré de nos observations, bien que les choix vestimentaires[1], porteurs de nombreux codes, soient révélateurs à plus d'un titre. L'image de la dame aux talons aiguilles n'est qu'un point de repère un peu caricatural, pour décrire une dysharmonie posturale.

L'organisation posturale inverse se rencontre aussi. Le haut du corps est figé dans une attitude rigide, le port de tête est raide, les gestes des bras quasiment absents ou peu expressifs car presque tous sur le même modèle. Le bas du corps, quant à lui reste souple. La démarche est élégante, légère, fluide, mais cette dynamique s'arrête net à partir du milieu du corps. C'est la posture du portemanteau. Avec un peu d'imagination, il semble que la personne au buste si raide soit comme soutenue par un portemanteau invisible…

Dans un cas comme dans l'autre, on remarque un double pilotage simultané qui affecte distinctement le haut et le bas du corps (voir schéma ci-après). Un subtil mélange de peur, de désir ou de plaisir souligne le décalage entre l'image de soi qu'on veut transmettre, et celle qu'on ressent. Cet indice doit inciter à chercher d'autres signes pour essayer de comprendre ce qui motive réellement la personne. Par exemple, établir des comparaisons avec le sens des mots et la forme de l'expression.

---

1. Le livre de Marie-Louise Pierson, *L'Image de soi,* donne une description détaillée des codes vestimentaires et de nombreux conseils très utiles pour gérer son image en fonction de ses projets et de sa personnalité.

Enfin, nous observons s'il existe ou pas un équilibre symétrique. Parfois les attitudes posturales et gestuelles du côté gauche et du côté droit s'opposent ! Un geste du bras droit contredit un signe de la main gauche effectué l'instant d'avant. Ces dissociations sont séquentielles et non simultanées comme les dysharmonies entre le haut et le bas du corps. Ici, il existe un double pilotage du comportement, et deux messages entrent en conflit.

Lire l'organisation posturale

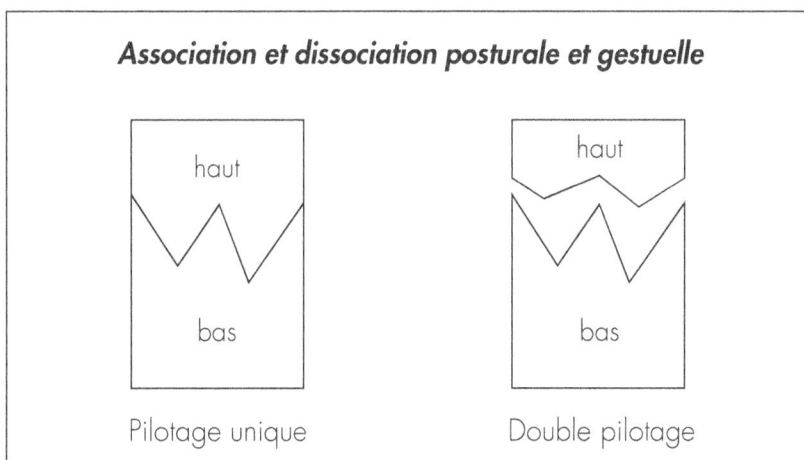

Association et dissociation posturale et gestuelle

haut	haut
bas	bas
Pilotage unique	Double pilotage

Plus le comportement postural et gestuel s'associe pour transmettre le même message, plus sa lecture en est facile et claire. Plus ce comportement se dissocie et plus il révèle une ambiguïté. On tend à privilégier l'importance du message qui renforce la première impression, mais il faut dépasser cela pour atteindre une meilleure objectivité.

Les changements de posture

Ils s'inscrivent dans un rythme qui reflète la perception subjective du temps. Or, celle-ci participe pleinement à l'organisation des thèmes de vie. Mieux on gère son temps, moins on est soumis à la précipitation et à la peur. On est capable de conduire des projets à long terme et de maintenir la stabilité psychologique nécessaire pour les mener à bien. Plus on recherche la satisfaction immédiate, plus on se sent talonné par l'inquiétude, la peur d'échouer, d'être frustré, la vitesse est alors surévaluée. Cependant, ces observations sont nuancées par l'influence d'autres éléments, notamment l'utilisation d'un système de représentation sensoriel[1].

Schématiquement, on retient que le rythme du comportement non verbal peut exprimer le rapport au temps. Une personne qui s'agite beaucoup, coupe souvent la parole à son interlocuteur pour placer une digression, s'immobilise un court instant avant de bouger à nouveau a le sentiment d'être toujours pressée. La qualité de l'attention est très limitée, la personne cherche quelque chose dans sa propre expérience ou suggère les réponses.

Quand nous avons des difficultés à repérer les mouvements et les changements de posture de notre interlocuteur, c'est que son comportement non verbal se synchronise avec le nôtre : nous trouvons son rythme global tout à fait normal ! Il est plus facile d'observer un rythme différent du nôtre. Le mimétisme non verbal[2] s'établit spontanément quand deux ou plusieurs personnes entrent en interaction. Un rythme s'installe, de même qu'un certain degré de similitude entre les interlocuteurs. Impliqué dans le mouvement, il est difficile, sans y être entraîné, de remarquer le comportement non verbal des autres sauf s'il diffère vraiment du nôtre, et, dans ce cas, le mimétisme n'est pas établi. Quand le rythme global est très lent, notre interlocuteur semble immobile et nous n'arrivons pas à l'observer. Cette attitude indique une attitude de repli sur soi. On s'efforcera de faire la différence entre un rythme qu'on ne remarque pas car il est totalement en phase avec le sien, ou alors quasiment inexistant. Le schéma ci-dessous résume les différentes possibilités de lecture du rythme global des changements de postures et des gestes.

Les changements de posture présentent un autre intérêt : ils indiquent la variation de l'attention de l'interlocuteur en fonction de la distance relationnelle. On peut observer facilement au cours d'un

---

1. *Le grand livre de la PNL*, op. cit.
2. Le mimétisme comportemental est l'un des modèles les plus connus de la PNL. Des explications détaillées figurent dans *Le grand livre de la PNL*, op. cit.

Lire l'organisation posturale

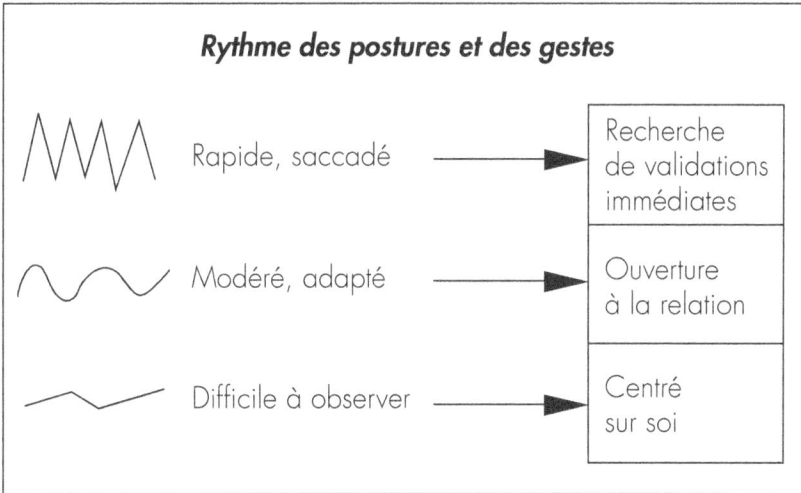

Rythme des postures et des gestes

∿∿∿	Rapide, saccadé ⟶	Recherche de validations immédiates
∿∿	Modéré, adapté ⟶	Ouverture à la relation
∿	Difficile à observer ⟶	Centré sur soi

entretien les changements de postures : l'interlocuteur marque son intérêt, son attention ou sa réserve en modifiant sa posture et en changeant la distance relationnelle. S'il se rapproche, cela indique un intérêt, s'il s'éloigne, il peut avoir besoin de réfléchir ou d'accéder à une vue d'ensemble.

On remarque alors si le désir de connaître, d'explorer ou le besoin de se protéger anime les comportements.

Ces éléments d'observation font partie des repères les plus fréquents et les plus typiques du comportement non verbal. Il en existe bien d'autres car chaque personne est unique et développe ses propres codes. Les aspects non verbaux du comportement apportent seulement quelques indications intéressantes qu'il s'agit ensuite de comparer et de confronter avec d'autres éléments. Le langage verbal, le choix des mots, les habitudes langagières jouent également un rôle dans la compréhension d'un thème de vie.

L'aspect le plus stimulant de l'exploration consiste à chercher un fil conducteur, une logique originale à travers les expériences qui se répètent dans l'histoire de la personne et que nous nommons des scénarios de vie.

Les scénarios de vie

Quand on s'intéresse à sa propre histoire comme à celle des autres, on remarque des expériences qui se répètent comme si un programme inconscient les guidait. C'est à travers ce type d'observation que nous allons identifier clairement les thèmes de vie. L'analyse transactionnelle[1] fournit plusieurs modèles pratiques pour identifier de telles expériences. Qu'on soit ou non formé à cette approche, il suffit d'observer autour de soi pour trouver des exemples de ces scénarios de vie.

Nos thèmes de vie sont formés de croyances, et agissent de façon à rendre nos comportements et autres expériences conformes à celles-ci. C'est ce qui explique les similitudes entre nos expériences, au moins au niveau de l'organisation. Seuls les contenus diffèrent. Quand on connaît la structure des scénarios de vie cela permet d'accéder aux croyances, et de prévoir leur influence sur les choix et les comportements…

L'histoire qui se répète

André : toujours les mêmes mariages… et les mêmes divorces

André S, 45 ans, chef d'entreprise, vient d'épouser Sylvie. L'idylle est parfaite. Ils partent en voyage vers une île paradisiaque et tout semble pour le mieux. Laissons les amoureux à leurs occupations et revenons à l'histoire d'André. Dix ans auparavant, il se mariait pour la première fois. Il rêvait d'une épouse modèle, un peu comme sa mère, restant à la maison pour s'occuper des enfants, toujours prête à recevoir ses amis, discrète et économe, sachant fermer les yeux sur ses faiblesses.

---

1. L'analyse transactionnelle est une méthode qui permet de comprendre l'essentiel des comportements d'un individu à partir d'une réflexion sur les différents états intérieurs qui déclenchent ses comportements. L'analyse transactionnelle met l'accent sur les modèles répétitifs tant sur le plan individuel que dans la relation, notamment les rapports hiérarchiques. Cette démarche est utilisée en développement personnel, en psychothérapie, mais aussi et surtout en tant qu'outil de formation dans l'entreprise. *Cf.* bibliographie.

La première Madame S, était ravissante. Elle rêvait d'une vie facile et oisive, d'un mari attentif à ses désirs et par-dessus tout généreux. André l'avait séduite. Il aimait jouer au grand seigneur, la comblait de cadeaux, accédait à tous ses caprices. Tout alla très bien pendant environ deux ans, quelques mois après la naissance de leur premier enfant. Un jour, il commença à lui reprocher de dépenser trop d'argent. Il en vint bientôt à demander des comptes détaillés pour toutes les dépenses, puis mit en place de sévères restrictions. Madame S tombait de haut. Elle ne comprenait plus, les affaires étaient florissantes et rien ne justifiait à ses yeux un tel changement de cap. Elle entra sans hésiter sur le champ de bataille, certaine que tous les torts venaient d'André. Les disputes se succédèrent, de plus en plus violentes. Il y eut cependant une trêve, Madame S s'enfuit quelques mois dans sa famille. Ne supportant pas cette situation, André se décida à présenter de plates excuses assorties de quelques cadeaux. Ils partirent quinze jours en vacances dans un cadre luxueux et tropical. La vie commune reprit, Madame S eut un deuxième enfant et quelques mois plus tard, le même scénario recommença. Ils finirent par divorcer à l'issue d'un ultime conflit destructeur. Chacun réorganisa sa vie. André S fut très affecté de ne pas obtenir la garde des enfants. Faute de pouvoir l'acheter, il les couvrit de cadeaux à chaque visite. Deux ans plus tard, André pensa qu'il était temps de refaire sa vie, c'est alors qu'il rencontra celle qui deviendrait la seconde Madame S. Il joua les grands seigneurs, îles paradisiaques, cadeaux, folies diverses, puis il l'épousa. Ils eurent un enfant et tout recommença jusqu'au second divorce. Ce second épisode fut nettement plus bref que le premier.

Tous ceux qui connaissaient André S furent très inquiets lorsqu'il leur présenta Sylvie qui allait devenir la troisième Madame S…

Le scénario d'André est typique d'un décalage entre l'exigence d'une représentation et le comportement qui cherche à la satisfaire. André cache sa timidité sous des apparences machistes ; en réalité, il manque de confiance en soi, et n'arrive pas à exprimer ses sentiments par crainte du ridicule. Il dissimule sa fragilité par des comportements dominateurs, voire tyranniques, et toujours excessifs. Pour se faire aimer, il compte davantage sur son argent que sur ses qualités personnelles, d'ailleurs, il ne s'en reconnaît pas. Sa référence pour la vie conjugale, c'est l'image de ses parents : un père tyrannique, une mère effacée, discrète, qui fait passer son devoir avant tout, et ne demande jamais rien pour elle. André n'est pas conscient des aspects caricaturaux de la situation, il a adopté le modèle en vigueur dans sa famille sans le remettre en question. Lorsqu'André s'investit dans une relation sentimentale, il cherche à « acheter » sa compagne. Il exclut l'idée qu'il pourrait être aimé pour lui-même. Sa compagne, comme les autres objets dont il s'entoure sera un peu considérée comme un signe extérieur de richesse. André ne rencontre que des personnes intéressées par l'argent, car il ne donne rien d'autre de lui ! Il fuit les femmes qui lisent en lui et parviennent à identifier le petit garçon timide, sous son déguisement de macho. André n'est pas heureux dans ses relations sentimentales, il a l'impression de se faire « arnaquer ». Les facettes timides et sensibles de sa personnalité demandent elles aussi à être aimées, mais restent frustrées, faute de pouvoir s'exprimer. Alors, s'installent la suspicion, le doute, puis la jalousie la plus sordide. Il se persuade peu à peu que sa compagne ne l'aime pas, ne s'intéresse qu'à son argent. Il entre dans une logique comptable qui aboutit à des conflits destructeurs. À deux reprises, le même scénario se déroule, avant l'arrivée probable d'un troisième.

Que remarque-t-on de commun entre les deux premiers épisodes ? Trois phases se succèdent. On assiste d'abord à la mise en œuvre d'une stratégie de séduction basée sur l'argent. Cette logique relationnelle vaut jusqu'à l'arrivée de l'enfant, puis on assiste à un renversement de situation. D'autres ressemblances apparaissent ; les compagnes qui entrent dans la vie d'André ont un point commun, l'intérêt pour l'argent.

D'autre part, André a construit sa référence pour la vie à deux sur le modèle de ses parents, mais ce qu'il vit avec ses deux premières compagnes ne correspond en aucune façon à cette image.

Enfin, le comportement machiste qu'il a développé dans sa recherche relationnelle ne correspond pas à l'homme timide et maladroit qu'il est réellement et qu'il n'accepte pas. C'est ce profond décalage entre sa représentation de soi et le comportement qu'il met en œuvre qui est à l'origine de ses déboires conjugaux à répétition. Il existe une sorte de renversement de critères à partir de la venue d'un enfant, car c'est à ce moment que le modèle familial revient en force et s'oppose à la réalité en cours. Avant l'arrivée de l'enfant, la notion de famille n'est pas d'actualité, et André peut continuer à utiliser sa logique

« marchande ». Ainsi, tant que rien ne vient modifier le thème de vie, les mêmes scénarios s'élaborent et se répètent. La personne ne tire que peu d'enseignement de ses expériences, si ce n'est de renforcer les croyances les plus limitantes de son thème de vie.

Le thème de vie à l'origine de ce scénario se fonde essentiellement sur la peur, et la recherche de plaisirs immédiats.

Marc-Antoine : un rôle de victime

Marc-Antoine, frais émoulu d'une grande école de commerce trouve un emploi correspondant à sa formation dans une société à l'enseigne prestigieuse. Il est chargé de gérer et de développer un potentiel de clientèle. Il est convaincu de la valeur des produits qu'il représente et débute avec un moral d'acier et de la motivation à revendre. Pourtant, au bout de quelques mois, il est déçu. Il n'a pas atteint les objectifs fixés tandis que les autres embauchés en même temps que lui les ont largement dépassés. Marc-Antoine ressent de l'amertume. Il trouve les clients désagréables, n'éprouve aucune affinité avec ses collègues et critique ouvertement l'encadrement. Les résultats empirent. Il se sent rejeté du groupe. Quelques mois plus tard, il est licencié. Il attribue ce résultat à son manque d'expérience, à ses chefs, aux produits, qui en fin de compte n'étaient pas aussi intéressants qu'il le croyait, à ses collègues qui ne l'ont pas soutenu, et enfin à son entourage familial. Tandis qu'il se met à la recherche d'un nouveau travail, Marc-Antoine prend conscience qu'il n'aime plus sa petite amie. Après l'avoir adorée, il lui trouve les pires défauts, lui reproche de ne pas le comprendre ni le soutenir alors qu'il traverse une période difficile. Les disputes deviennent fréquentes, et un beau jour, elle le quitte. Marc-Antoine se retrouve seul, et entre alors très facilement dans un rôle de victime.

Marc-Antoine s'interroge sur ces expériences. Il essaie d'en trouver les raisons, et conclut que ses deux échecs viennent de ses difficultés à communiquer, mais surtout de l'attitude des autres. Il se considère comme un jeune homme timide, à l'air terriblement sérieux, accablé de malheurs dont personne ne saurait apprécier l'ampleur. Il revoit les différentes étapes de ses expériences ratées et se demande ce qu'il peut faire pour résoudre ses problèmes. Toutefois, il finit par en conclure : « Quoi que je fasse, les autres ne me comprennent pas… »

Comment cette attitude s'est-elle installée ? De solides références issues d'expériences passées ont contribué à forger une croyance très limitante. Marc-Antoine est persuadé de ne pas être concerné par la communication, et de n'avoir à fournir aucun effort dans ses relations : face à des résultats non désirés, ses attitudes d'opposition se trouvent renforcées. Ce comportement lui a probablement servi à une certaine époque de sa vie, mais aujourd'hui il ne lui permet pas d'atteindre ses objectifs. Comme dans le cas précédent, tant que Marc-Antoine ne sera pas pleinement conscient de ses croyances, il ne pourra ni s'en libérer ni changer son comportement. Ses thèmes de vie continueront de le conduire dans les mêmes déboires relationnels professionnels ou personnels.

Il y a un décalage entre la représentation de soi et les comportements supposés la traduire. Généralement, l'attitude d'opposition est perçue comme teintée d'agressivité par la plupart des gens. Or, on n'est agressif que si l'on se sent menacé, et, pour se sentir menacé il est nécessaire d'avoir peur. Marc-Antoine cultive une peur latente à l'égard du monde extérieur. Il la conjure en s'opposant à ce qu'il y rencontre. En conséquence, un rapport de force s'établit et Marc-Antoine juge des résultats de son comportement en termes de gains et de pertes, de victoires ou de défaites… Marc-Antoine s'épuise dans un perpétuel combat.

Marie-Noëlle : le désir de dominer

> *Marie-Noëlle, trente-huit ans, est mère de trois enfants et n'exerce pas d'activité professionnelle. Toutefois, son emploi du temps est toujours très chargé car elle s'occupe de nombreuses activités associatives. Elle fait partie du bureau d'une association culturelle, de celui d'un club sportif, elle anime une chorale, et intervient partout où elle peut. Elle rencontre d'importantes difficultés liées à des conflits incessants dans ses activités personnelles et, depuis peu, dans sa famille. Sa passion, c'est de venir en aide aux autres, et de faire preuve d'efficacité, mais, malgré ses efforts, quand elle s'implique dans une mission, cela se termine en conflit. Elle évoque son action dans l'association sportive, revoit les débuts, le manque d'adhérents, les heures passées à organiser des manifestations, chercher des aides, des parrainages. Amèrement, elle se dit qu'aujourd'hui, tout va bien, elle contrôle la situation, et c'est là qu'elle se sent rejetée. On lui*

> *reproche son autorité, mais elle la justifie en faisant le compte de tous les problèmes qu'elle a résolus, grâce à son énergie et sa détermination. Marie-Noëlle croit qu'elle doit sans cesse surveiller les autres, pour éviter qu'ils fassent des erreurs, ou réparer celles qu'ils ont commises !*

Dès qu'elle s'engage dans un projet, Marie-Noëlle se montre enthousiaste, désireuse de surmonter tous les obstacles et d'aider les autres. Puis elle s'applique à les convaincre d'adopter ses propres solutions, et elle en possède de grandes réserves pour toutes circonstances. Le deuxième temps se passe à relever les « défauts », relever les infractions à ses conseils. Vient ensuite la troisième étape au cours de laquelle Marie-Noëlle cherche à culpabiliser ses victimes. Elle se revoit en train de dire : « Si vous avez encore des problèmes, c'est de votre faute, car moi, je vous ai dit ce qu'il fallait faire ! » Pleine de bonnes intentions, Marie-Noëlle déclenche fatalement des réactions de rejet, et des conflits.

Marie-Noëlle donne un sens à son existence à travers le pouvoir qu'elle exerce. Dans son théâtre mental, elle se croit la seule capable d'agir avec efficacité. Qu'il s'agisse de prendre le pouvoir ou de venir en aide, Marie-Noëlle perçoit les autres comme des incapables qu'il faut guider, conseiller, mais aussi surveiller pour les empêcher de faire des erreurs ; dialoguer d'égal à égal n'est pas envisageable, cela ne fait pas partie de ses thèmes de vie.

En fait, ses intentions sont généreuses, elle n'épargne ni son temps, ni son énergie pour les causes qu'elle choisit de défendre. L'idée même de prise de pouvoir sur les autres lui est tout à fait étrangère. Elle n'est pas consciente de l'aspect dictatorial de ses comportements. En revanche, elle souffre beaucoup de constater que son comportement produit souvent l'effet contraire de ce qu'elle désire. Les conflits et les réactions de rejet qui sanctionnent ses actions sont pourtant tout à fait prévisibles à la lumière de ses thèmes de vie. Marie-Noëlle se considère comme différente, voire supérieure aux autres. C'est pourquoi elle se sent capable, mais surtout « obligée » de leur apporter son aide ; elle estime aussi que ses propres compétences sont meilleures que celles des autres. Comment ne pas se sentir dévalorisé en face de Marie-Noëlle, comment tenter alors de s'affirmer ?

Ces scénarios de vie illustrent un thème animé par le désir de dominer, et d'être unique.

Les projets qui échouent

Des projets qui échouent et reproduisent le même scénario indiquent la présence d'un thème de vie peu adapté. On observe souvent que la personne se fixe des objectifs pour ne jamais les atteindre et faire ainsi perdurer une situation d'échec qui lui permet de rester en accord avec un thème de vie fondé sur la dévalorisation, la peur de l'environnement…

La « petite vie tranquille » de Sophie

Sophie a rêvé d'une « petite vie tranquille », dans une grande ville de province, entourée d'enfants, et mettant toute son énergie pour construire une heureuse vie de famille. Quand, à dix-huit ans, elle rencontre celui qui va devenir son compagnon, elle n'a qu'une hâte : interrompre sa scolarité, au demeurant peu valorisante, et commencer au plus tôt à construire une famille. Trois adorables bébés se succèdent alors, et Sophie continue à vivre son rêve jusqu'à l'âge de vingt-cinq ans. Puis, peu à peu, elle découvre qu'elle n'est pas satisfaite, et elle éprouve une forte culpabilité. En effet, Sophie a atteint le but qu'elle cherchait, elle illustre l'image du bonheur familial traditionnel. Elle redouble d'efforts, devient une « maîtresse de maison » accomplie. Comme elle excelle dans tous les travaux manuels, elle s'initie à la décoration, son mari et ses amies la félicitent et envient ses talents, mais rien n'y fait, plus le temps passe et plus elle est insatisfaite et coupable de l'être. Elle entreprend une psychanalyse, qui ne fait que renforcer ce sentiment d'échec. Un jour, une de ses amies qui s'occupe d'une galerie d'art lui demande de venir la remplacer car elle doit s'absenter quelques jours. Sophie accepte, bien qu'un peu réticente. Pourtant, tout se passe bien. Elle parvient à vendre quelques toiles. Les trois jours passent à toute allure. Sophie est très heureuse. Elle n'éprouve pas un instant ce sentiment d'échec et d'insatisfaction qui lui gâche la vie d'ordinaire. À partir de cette expérience, elle découvre en elle un incroyable désir de découvertes, de nouveauté, de vie à l'extérieur de sa « petite vie tranquille » dont elle avait tant rêvé et s'était si bien appliquée à construire… Elle en vient à conclure qu'elle s'est trompée sur ses objectifs, et perçoit le déroulement de sa vie jusqu'alors comme une série d'échecs. Sophie me confie qu'à partir de cette expérience, elle s'est engagée dans un groupe de femmes désirant reprendre une activité professionnelle après plusieurs années d'interruption. Elle a réussi à accepter son jeune passé. Aujourd'hui, elle le perçoit comme une ressource et non comme un échec. Sophie a ensuite accompli un parcours professionnel qui lui a donné de grandes satisfactions, malgré les difficultés qu'elle a rencontrées vis-à-vis de son entourage qui ne comprenait pas un tel changement de cap !

Beaucoup de gens ressentent leur vie comme un échec ou une erreur, s'installent durablement dans une attitude négative et répètent inlassablement des scénarios désastreux. Le projet qui échoue indique un décalage entre un modèle de soi qu'on cherche à accomplir et la véritable représentation de soi. Le thème de vie de Sophie est en grande partie animé par le désir : ouverture d'esprit, curiosité, soif de découvertes. Son projet familial accompli, elle a tout naturellement souhaité connaître de nouvelles expériences, c'est ce désir qui l'a soutenue dans son évolution.

Gérard n'aime pas jouer les seconds rôles

Gérard est le brillant second de Lionel, qu'il présente comme son « associé ». Ce dernier est un chef charismatique et tyrannique, mais chacun s'incline devant ses idées originales et son instinct des affaires. Gérard le connaît depuis plusieurs années, ils ont fait les mêmes études, l'un en fumiste génial, l'autre en étudiant sérieux et appliqué. Lorsqu'ils terminent leurs parcours universitaires, ils décident de s'associer pour fonder leur affaire. Très rapidement, le succès couronne leurs projets, mais il n'est pas partagé de manière égale. Gérard estime que ce succès lui revient, tout autant qu'à son associé. Ils se partagent les tâches, or Lionel semble l'attribuer à ses propres idées. Il apparaît aux yeux de tous comme le seul chef, et trouve tout à fait juste qu'il en soit ainsi. Gérard continue de seconder Lionel, mais il se sent dévalorisé. Lorsque ce sentiment devient trop fort, il rompt l'association et cherche à voler de ses propres ailes. Gérard a rencontré quelques mois auparavant un jeune ingénieur, inventeur d'une nouveauté technologique riche de promesses. Gérard apporte de l'expérience et des fonds, l'autre des idées, et d'autres associés. Ils définissent leurs plans et fon-

dent une société. Cette fois, Gérard se retrouve à la direction de la société nouvellement créée. Pendant quelques mois, tout semble aller pour le mieux. Il s'évertue à jouer le rôle que tenait Lionel, tente d'obtenir des marchés, se démène et s'épuise. Les résultats se font attendre, et bientôt, d'importantes difficultés apparaissent. C'est alors qu'on cherche un responsable et qu'on se tourne vers… le chef. Gérard est prié d'offrir sa démission. Il est désespéré car, en très peu de temps, il a échangé une situation stable et rémunératrice pour un siège éjectable assorti d'une grave perte financière. Quelques mois plus tard, il entre dans la fonction de demandeur d'emploi… Il trouve des missions dans différents domaines, et réussit parfaitement bien tout ce qu'on lui confie, pourvu que ses initiatives soient bien enca- drées… Cela ne le satisfait pas, il cherche autre chose, rêve d'une nouvelle affaire dans laquelle il serait vraiment le seul chef.

Gérard possède les compétences, mais son thème de vie lui interdit la position de chef. Ce n'est en effet que dans les seconds rôles qu'il exprime pleinement ses talents. Chaque fois que Gérard essaie de piloter seul, il ne parvient pas à assumer la place de dirigeant. Dans sa première activité, il ne peut imposer son image. Dans la seconde, il fait l'unanimité contre lui, tous s'accordent pour l'exclure en tant que chef. En revanche, lorsqu'il agit pour développer des idées d'un autre, tout va bien. Dans la seconde expérience, il essaie de se placer dans le rôle brillant et valorisé que tenait son ancien associé, mais ce comportement ne s'accommode pas de sa personnalité réelle. Le trait qui domine chez Gérard, c'est la peur de se tromper, d'entrer en con- flit pour s'être mis en avant, d'assumer les conséquences d'une mau- vaise idée… La peur est plus forte que le désir, et la recherche du plaisir qui tient une place importante indique, quant à elle, une cer- taine difficulté à voir au-delà du lendemain. Le désir et la recherche du plaisir sont liés quant à eux à des objectifs inaccessibles. Gérard admire Lionel, et voudrait être comme lui, mais ce désir ne s'inté- resse qu'aux aspects agréables du rôle : séduire, être reconnu comme le meilleur, le chef, attirer l'attention des autres… Lorsque Gérard essaie de jouer le rôle de Lionel, il découvre surtout l'inquiétude, l'incertitude, la peur du lendemain, et la solitude. L'inconfort de cette position n'est pas compensé par d'autres avantages. Lionel, lui, aime le risque, et ne se sent exister que dans des situations quelque peu aventureuses. Tout au contraire, Gérard excelle dans les tâches d'organisation, dans lesquelles sa responsabilité personnelle n'est impliquée que pour l'exécution, et non pour la prise de décision.

En conclusion, il est tout à fait possible de partir à la découverte des thèmes de vie, dès les premiers instants d'une relation. Le comportement extérieur, notamment le rapport à l'espace, les attitudes posturales et gestuelles, puis l'écoute et l'observation de l'histoire de la personne font apparaître des scénarios qui illustrent les thèmes de vie.

CHAPITRE 4

Le point de vue
du metteur en scène

Le metteur en scène maîtrise l'ensemble du spectacle : les jeux et les enjeux de la pièce. Comme lui, pour comprendre, découvrir, identifier nos propres thèmes de vie, nous devons adopter un point de vue global, à la fois synthétique et intuitif.

Le thème de vie est à la fois une source d'inspiration et un lien logique entre les comportements, c'est le « mobile » des personnages d'une énigme policière qui, une fois élucidée, donne un sens aux faits et gestes de chaque acteur.

Comme on assume tout à la fois le rôle du dramaturge, du metteur en scène et de l'acteur, il est nécessaire de prendre du recul pour comprendre le fonctionnement de ses thèmes de vie. La technique qui consiste à définir plusieurs points de vue sur une même situation permet de relever les similitudes et les différences, puis à faire la synthèse des informations ainsi recueillies.

Prendre du recul

Notre compétence de metteur en scène dans notre théâtre mental exige que nous devenions de bons observateurs, en commençant par explorer nos propres thèmes de vie. L'influence de nos croyances empêche souvent d'exercer une réflexion réaliste. La célèbre injonction « connais-toi toi-même » prend encore plus de relief dans cette perspective et nous incite à demeurer conscient de notre subjectivité.

Nous ne sommes pas nos comportements, même si ces derniers illustrent notre personnalité. Beaucoup de gens se sentent stupides s'ils jugent leur comportement stupide… Ce raisonnement simpliste fonctionne avec n'importe quel qualificatif, mais ne saurait rendre compte de la réalité dans sa complexité et sa variété. Une personne très intelligente dans certains contextes utilise aussi des comportements tout à fait stupides dans d'autres, et vice versa !

Pour intégrer cette ambiguïté sans la réduire, nous devons nous interroger non pas sur la nature de nos actes, mais sur leur sens. Pour progresser dans la connaissance de soi, il s'agit de saisir la dynamique logique d'un ensemble et non tenter d'évaluer quelques échantillons de comportements choisis de façon sélective, et donc peu ou pas représentatifs.

Identifier les points communs à nos difficultés

Pour prendre du recul par rapport à nos choix et à nos comportements, il existe différents moyens, comme se poser quelques questions précises et y répondre aussi sincèrement que possible. C'est une étape de synthèse qui va mettre en lumière différents aspects de la même problématique. Si, par exemple, on utilise des thèmes de vie animés par des valeurs liées au désir (désir de connaître, de posséder, de dominer, d'être aimé…), toutes les difficultés rencontrées présenteront des traits similaires. On est peu ou pas conscient de ses qualités et trop conscient de ses manques.

Pour commencer, on va répertorier les difficultés rencontrées sur une période donnée. Pour chaque difficulté, on va s'appliquer à construire une représentation claire comprenant le contexte et l'action, un peu comme une photographie mentale de la situation. Quand on a constitué cette sorte d'album, on peut commencer à chercher des similarités entre chaque situation.

Cette recherche doit s'organiser autour de quelques axes précisés en fonction de la personne et de sa problématique. Il s'agit de découvrir quelques données importantes qui serviront de fil conducteur pour la suite de l'exploration.

Pour chaque difficulté, les questions suivantes serviront de guide d'exploration :

- Qu'est-ce qui m'« oblige » à m'impliquer dans la situation ? Autrement dit, existe-t-il un contexte spécifique, ou un concours de circonstances qui conduit nécessairement à la situation difficile ? Cette question correspond à une recherche des conditions initiales de la difficulté. Elle nous aide aussi à déterminer la part de responsabilité des différents acteurs de la situation.
- Quels sont les enjeux dans la situation ? Ce que l'on risque de perdre et/ou ce que l'on veut gagner représente les enjeux d'une situation. Les réponses serviront à mettre en évidence des nuances entre l'attirance animée par des désirs et la fuite justifiée par des peurs.
- Y a-t-il plusieurs étapes identifiables ? Cette question sert à indiquer une stratégie, un enchaînement de faits, un scénario de vie, comme nous l'avons montré au chapitre précédent.
- Qu'est-ce qui permet de sortir de cette situation ? Quelles sont les solutions retenues pour résoudre la difficulté ? En quoi ces solutions sont-elles utiles ou inutiles ? Existe-t-il un conflit, une fuite, le recours à une aide extérieure ? Les solutions envisagées ont-elles été finalement abandonnées ?

Les réponses à ces questions permettent de trouver les points communs entre chaque difficulté, et ainsi de commencer à comprendre la logique intérieure de nos comportements : les thèmes de vie.

Agnès est guidée par la peur

> Agnès, 28 ans, est assistante de direction. Elle rencontre des difficultés qu'elle attribue à des conditions de travail stressantes. Voici la liste des problèmes qui la tourmentent :
>
> – Peur d'être agressée.
> – Conflit avec une collaboratrice.
> – Mésentente familiale, toujours la même dispute avec sa mère.
> – Difficulté à prendre la parole devant les autres.

Problème n° 1

Agnès est terrifiée à l'idée qu'elle pourrait être agressée. Elle cite l'exemple du parking souterrain où elle gare sa voiture pour aller à son bureau. Agnès reconnaît qu'il ne lui est jamais rien arrivé d'effrayant, mais que les raisonnements ne l'ont jamais aidée à vaincre sa peur. Cependant, Agnès a appris à gérer sa peur et à en comprendre les messages, elle n'a jamais été imprudente.

- Qu'est-ce qui « oblige » Agnès à s'impliquer dans la situation ? Agnès se représente surtout la dangerosité du monde extérieur, des images effrayantes se bousculent en elle et cela l'« oblige » à avoir peur d'être agressée. Agnès pense sincèrement qu'il serait insensé de « ne pas avoir peur »…

- Quels sont les enjeux ? Dans la situation de peur, Agnès craint des dommages physiques et moraux. Elle imagine aussi que l'issue pourrait lui être fatale.

- Existe-t-il plusieurs étapes identifiables ? La réponse à cette question met en évidence les solutions qu'Agnès a tenté d'appliquer. Malgré sa peur, Agnès « prend » sur elle, se répète ce qu'elle doit faire. Ainsi, elle parvient plus ou moins à adopter un comportement qu'elle juge raisonnable.

- Qu'est-ce qui permet de sortir de la situation de peur ? Un ensemble d'indices permet à Agnès d'estimer qu'elle reprend le contrôle des événements : décor familier et sécurisant, habitudes… Dès qu'elle se trouve dans une situation qu'elle maîtrise, la peur disparaît.

Problème n° 2

Agnès ne supporte pas l'une de ses collaboratrices à qui elle reproche son manque de conscience professionnelle. Très impliquée dans son travail, elle n'admet pas qu'on puisse considérer l'activité professionnelle comme un mal nécessaire. Quand sa collaboratrice bâcle son travail, elle a l'impression d'avoir commis une faute. Peu à peu, elle en vient à se sentir menacée par ce qu'elle nomme les « erreurs » de l'autre. Elle ressent un malaise important, se montre soupçonneuse, n'épargne aucun reproche, et finit par se détester. Elle s'efforce de surmonter cette difficulté en redéfinissant ses attentes vis-à-vis de sa collaboratrice et en apprenant à nuancer ses exigences.

* Qu'est-ce qui « oblige » Agnès à s'impliquer dans la situation ?
  Agnès ne pourrait être en accord avec elle-même si elle ne s'impliquait pas autant dans son travail. La crainte de démériter, de ne pas être à la hauteur est transposée sur une tierce personne. Lorsque sa collaboratrice ne s'implique pas assez (selon les critères d'Agnès), elle se sent menacée, et coupable de ne pas être à la hauteur.

* Quels sont les enjeux ?
  Quand elle constate un manquement de sa collaboratrice aux critères qu'elle s'impose, Agnès croit qu'elle va perdre l'estime de soi, qu'elle ne pourra plus continuer à avoir une bonne image d'elle-même. Agnès estime qu'elle est responsable de la qualité du travail de sa collaboratrice, c'est pourquoi elle en désaccord profond avec elle-même quand sa collaboratrice ne répond pas à ses exigences.

* Y a-t-il plusieurs étapes identifiables ?
  C'est un indice (oubli, erreur, retard) dans le comportement de sa collaboratrice, qui déclenche le malaise d'Agnès. Ensuite, elle éprouve de la colère qu'elle tente de dissimuler en raisonnant.

* Qu'est-ce qui permet de sortir de cette situation ?
  Agnès résout souvent son problème en effectuant elle-même les tâches normalement confiées à la collaboratrice, pour être sûre, dit-elle, que le travail sera bien fait. Comme on le devine, cette solution la laisse insatisfaite…

Problème n° 3

Agnès entre souvent en conflit avec sa mère car elle a l'impression de ne pas être acceptée comme elle est. En effet, d'après Agnès, sa mère voudrait qu'elle mène une vie de famille avec un mari et des enfants ; elle considère que la position sociale de sa fille n'est pas l'essentiel, elle a même tendance à penser que plus Agnès s'implique dans son travail et moins elle a le temps pour chercher à construire une « vraie » vie.

Ce problème, même s'il n'est pas toujours évoqué clairement, reste présent dans les rencontres entre la mère et la fille. Agnès éprouve un malaise important quand elle est avec sa mère.

Agnès a déjà longuement réfléchi sur ses objectifs existentiels, elle ne se sent pas du tout attirée par le modèle que représente sa mère. Elle fait son possible pour se montrer tolérante à l'égard de sa mère, et pour comprendre, qu'à sa façon, elle cherche à la voir heureuse.

- Qu'est-ce qui « oblige » Agnès à s'impliquer dans la situation ?
  Ce qui provoque le malaise d'Agnès, c'est de constater qu'aux yeux de sa mère, elle « n'existe » pas. Son thème de vie n'est pas accepté et elle se sent vulnérable face à l'influence de sa mère. Elle en arrive même parfois à remettre en question ses choix existentiels.

- Quels sont les enjeux ?
  Agnès voudrait prouver que ses choix sont bons pour elle. Elle voudrait être acceptée, reconnue dans le style de vie qu'elle mène.

- Existe-t-il plusieurs étapes identifiables ?
  Agnès traque les moindres indices qui ont trait au conflit avec sa mère. Une parole, un haussement d'épaule, la moindre réflexion est comprise à double sens, et une scène dramatique se produit. Lorsqu'elle éprouve ce malaise, elle devient agressive, et a des paroles malheureuses qu'elle regrette ensuite amèrement, ce qui ne fait que renforcer son malaise.

- Qu'est-ce qui permet de sortir de cette situation ?
  C'est la fuite qui met un terme au conflit, sans le résoudre… Le problème reste entier. Chacune campe sur ses positions. Chaque fois que le problème est abordé, il semble se renforcer.

Problème n° 4

Agnès a beaucoup de difficulté à s'exprimer devant les autres. Elle a le trac, et cela l'empêche de dire ce qu'elle voudrait, comme elle le voudrait. Elle a l'impression que les autres la jugent mal et plus cette idée s'installe, moins elle arrive à s'exprimer.

Cette difficulté a pu être atténuée par plusieurs expériences positives, elle a participé à des stages de théâtre qui lui ont permis de prendre conscience que les autres éprouvaient aussi les mêmes difficultés, et ce partage d'expérience l'a rassurée.

- Qu'est-ce qui « oblige » Agnès à s'impliquer dans la situation ?
  L'exigence de perfection que s'impose Agnès, et la représentation de dangerosité du monde extérieur sont les deux facteurs qui rendent possible le problème.

- Quels sont les enjeux ?
  En n'étant pas à la hauteur de ses exigences, Agnès craint de perdre la face, et de se trouver déconsidérée par les autres. C'est encore un enjeu d'image de soi.

- Existe-t-il plusieurs étapes identifiables ?
  Dans la situation où elle doit s'exprimer devant les autres, le sentiment de trac lui fait « oublier » ce qu'elle veut dire. Elle n'arrive plus à préparer ses interventions. Rapidement, c'est l'émotion qui prend les commandes, ce qu'Agnès a bien du mal à admettre. Cependant, si les réactions des autres sont bienveillantes, encourageantes, elle parvient à retrouver confiance et à utiliser ses propres ressources.

- Qu'est-ce qui permet de sortir de la situation ?
  Pour en finir avec le trac, Agnès doit percevoir des réactions positives chez ses interlocuteurs. Dès qu'elle se sent approuvée, elle parvient à gérer son émotion.

Bien que les quatre problèmes d'Agnès s'inscrivent dans des contextes très différents, certaines similarités apparaissent dans les réponses. Un savant mélange de peur du monde extérieur et de crainte de faillir aux exigences d'une image de soi un peu trop idéalisée contraignent Agnès à s'engager dans une difficulté, un peu comme dans une impasse. Dans certains cas, il existe une relation de cause à effet entre les deux éléments : plus la dangerosité du monde extérieur est importante, et plus Agnès croit qu'elle doit se surpasser.

Pour le second problème, Agnès traduit les défaillances de sa collaboratrice comme une menace sur la qualité de son propre travail. Pour limiter les dégâts, elle effectue les tâches qu'elle estime bâclées.

Dans le quatrième problème, plus Agnès croit qu'elle sera mal jugée, et plus elle se donne un objectif de performance élevé, parfois impossible à atteindre. Si elle ne satisfait pas à ses exigences, elle a l'impression de se déconsidérer, de perdre la face.

Les quatre difficultés illustrent une même problématique d'identité. En effet, Agnès a besoin d'être en accord avec elle-même, mais l'attitude des autres la déstabilise très facilement et la conduit à douter de ses principes. Elle se remet en question en tant que « personne » au lieu de réévaluer l'efficacité ou la pertinence de son comportement.

Dans chacune des difficultés, divers indices s'associent et Agnès atteint alors un seuil de malaise à partir duquel elle se met en quête d'une solution. Elle est consciente de cette stratégie d'accumulation, qui l'incite à trouver au plus vite une solution plus ou moins satisfaisante à chaque nouvelle occurrence du problème. Agnès parvient à échapper à ses difficultés en devenant active. Cela se manifeste de différentes manières : fuite, agressivité, surcroît d'activité... L'action entreprise ne parvient pas nécessairement à résoudre le problème et se limite à changer le vécu de la situation.

Découvrir l'objectif non dit

Après avoir trouvé les similarités entre nos difficultés, nous allons préciser nos observations en cherchant à élucider les objectifs cachés de nos décisions et autres comportements. Cette interrogation va nous permettre de distinguer les objectifs annoncés de ceux qui restent non dits. En cas de difficulté, il existe en effet un important décalage et parfois même des contradictions entre nos objectifs et nos comportements.

Certains comportements paraissent tout à fait justifiés par un raisonnement logique, mais en fait ils viennent satisfaire d'autres critères. Par exemple, beaucoup de gens cherchent d'abord à se faire plaisir, mais justifient ensuite leur choix par un raisonnement logique, qui permet en outre de s'octroyer le beau rôle sur la scène du théâtre mental !

Quand vous faites un don à une œuvre de charité, vous vous privez d'une certaine somme que vous auriez pu dépenser de façon plus agréable. Cependant, cette « bonne » action vient satisfaire des objectifs secondaires mais très motivants : se montrer généreux, faire preuve d'altruisme, se valoriser par d'autres qualités. De même, quand on « craque » pour un objet, on justifie cet achat jusqu'à changer bientôt ce coup de cœur en une action logique, raisonnable qui s'avère finalement inévitable !

Les professionnels du commerce savent très bien que les gens n'achètent pas pour satisfaire des besoins réels, mais plutôt des besoins habilement greffés en eux par la publicité. Plusieurs motivations entrent en jeu dans une décision d'achat. Les plus puissantes parviennent à associer le produit à une représentation valorisée à laquelle le consommateur va s'identifier : il est ainsi « obligé » d'acheter ce produit pour correspondre à l'image valorisée à laquelle il s'identifie.

Nos choix existentiels répondent aussi à plusieurs exigences et permettent d'atteindre au moins deux objectifs. Le premier, clairement exprimé, s'inscrit dans une logique « correcte » et bien acceptée selon les normes contextuelles – famille, groupe, tribu, société… Le second reste tacite et s'inscrit dans une logique existentielle qui échappe partiellement à la personne. Des images de soi valorisées, des stratégies de recherche de plaisir, d'évitement du danger, et différentes façons d'exprimer le désir se dissimulent derrière la façade d'un objectif annoncé.

Cela s'explique par un certain degré d'hypocrisie qu'aujourd'hui on appelle de la « bien-pensance ». Masquer ses objectifs réels pour ne présenter que ceux estimés corrects, procède d'une autocensure. On s'applique à donner aux autres une image de soi qu'on estime conforme à leurs attentes et aux modèles qui nous inspirent.

Marche à suivre

Vincent se trompe d'objectif

> *Vincent, 42 ans, s'est inscrit à un cours d'anglais. Après quelques séances, il regrette beaucoup d'avoir pris cette initiative, mais il s'est engagé pour une année, et il est trop tard pour annuler la décision. Il suit ses cours de mauvaise grâce et ne fait aucun progrès.*

Il accuse l'enseignement, met en cause les compétences du formateur, les horaires, les documents pédagogiques... Mais il finit par reconnaître qu'il s'est trompé d'objectif. Le cours d'anglais, c'était surtout pour donner une certaine image de lui auprès de son entourage : dynamique, prêt à s'investir dans un apprentissage, désireux de progresser. En réalité, il préfère son train-train routinier, et les efforts exigés par l'apprentissage lui semblent vite démesurés.

Pour l'aider à préciser ses attentes réelles, et lui permettre de faire la part des objectifs non dits, je lui ai proposé de répondre aux questions suivantes :

- Qu'est-ce que j'attendais de cette décision ?
- En quoi cela pouvait-il m'apporter un avantage, un bénéfice ?
- Quelles étaient les difficultés éventuelles que j'avais envisagées ?
- Quelles sont les difficultés que j'ai rencontrées ?
- Quelle est la principale différence entre mes attentes et ce qui est arrivé réellement ?
- En quoi est-ce que cela me met en décalage vis-à-vis de moi-même ?
- Est-ce que ma décision nuit à quelqu'un d'important pour moi ? Est-ce que ma décision m'empêche de faire autre chose que j'estime plus important ? Si oui, de quoi s'agit-il ?

Kevin veut attirer l'attention

Kevin, 32 ans, a horreur de passer inaperçu et n'hésite pas sur les moyens à utiliser pour attirer l'attention. Il fait partie d'un club sportif, et il lui arrive souvent d'interpeller l'entraîneur, de contester ses conseils, de conseiller lui-même les autres participants. Il le reconnaît bien volontiers, mais il se justifie en pensant qu'il doit vraiment montrer ce qui ne va pas, et tant pis si cela lui attire des ennuis. D'ailleurs, le responsable de l'équipe l'a menacé de l'exclure s'il persistait.

Kevin se plaint de ses défauts : « Je ne peux pas faire autrement. Je dois être franc. Si l'entraîneur se trompe, il faut que je le dise... Je l'admets, je ne suis pas diplomate ! »

Ce type de comportement peut donner l'impression de ne pas avoir d'objectif caché. Toutefois, Kevin présente ses « qualités » comme des « défauts » et fait valoir qu'il ne peut s'empêcher de se comporter de cette façon. Il est, en quelque sorte, victime de ses propres comportements.

Cependant, l'objectif caché de ses « défauts » apporte d'importants bénéfices secondaires. Le rôle de « victime » permet de se dégager de ses responsabilités, de se faire plaindre, d'attirer l'attention bienveillante des autres. Une « victime » est nécessairement présumée « innocente » et ne saurait être tenue pour responsable de ses propres malheurs.

Pour connaître les objectifs de nos propres comportements, nous devons explorer toutes leurs conséquences possibles, mais surtout celles qui sont porteuses de bénéfices secondaires.

Voici la liste des conséquences prévisibles que Kevin va provoquer en interpellant l'entraîneur du club :

- Obtenir une réaction rapide, son intervention est acceptée, on l'en remercie presque ! (cela correspond à l'objectif annoncé).
- Devenir le centre d'intérêt du groupe.
- Obtenir une réaction négative, par exemple mettre l'autre en colère et attirer l'attention sur lui.
- Être interpellé à son tour par un autre participant ce qui revient encore à attirer l'attention sur lui.
- Être ignoré et se poser alors en victime, ce qui permet, par un petit détour, de devenir un sujet d'attention.

Les conséquences prévisibles du comportement de Kevin peuvent toutes servir l'objectif caché. Certaines sont plus attirantes que d'autres. En effet, s'il parvient à déstabiliser le « chef », il réussit parfaitement à atteindre son but. S'il n'obtient qu'une réponse précise, rapide et qui clôt le débat, il n'est parvenu à attirer l'attention qu'un court moment.

En explorant les 9 questions précédentes et en établissant la liste des conséquences prévisibles, la face cachée de l'objectif apparaît cette fois très clairement.

Trouver le fil conducteur

Nous savons observer les similarités de nos difficultés, identifier l'objectif caché d'un de nos comportements, nous allons maintenant compléter ces informations pour vérifier ou nuancer ces premiers constats. Il s'agit cette fois de repérer des similarités entre des expériences vécues dans des situations différentes, mais animées par la même émotion : plaisir, curiosité, joie, nostalgie, et autres états d'âme.

Cette émotion servira à la fois de point de départ et de fil conducteur entre différentes situations. Si nous choisissons par exemple la curiosité, il existe probablement plusieurs situations au cours desquelles cette émotion est présente. Il va s'agir ensuite d'identifier des similarités entre ces différents contextes puis de les mettre en perspective avec les découvertes précédentes, et enfin d'examiner la cohérence de l'ensemble.

La piste de l'émotion

Nous allons maintenant explorer nos expériences avec pour guide l'émotion associée. Pour commencer, je suggère de choisir une émotion agréable, puis de chercher différentes situations au cours desquelles on l'éprouve. Voici les questions à se poser :

- Quelle est l'émotion agréable que j'identifie le plus facilement ? (tous les états d'âme peuvent convenir, du moment que, subjectivement, on les qualifie d'agréables).
- Dans quelles situations m'arrive-t-il d'éprouver cette émotion ?

La première question va faire apparaître une émotion qui se distingue par son intensité ou sa fréquence. La seconde question mettra en évidence l'émotion ressentie, le comportement associé et le contexte. S'il s'agit d'une émotion prédominante par rapport aux autres, elle se rattache à un thème de vie.

Lorsque l'émotion est identifiée, nous allons chercher les comportements qui la traduisent ou s'y associent :

- Quand j'éprouve cette émotion, comment cela se manifeste-t-il ?

La réponse à cette question renvoie à des images caractéristiques de certaines situations. À cette étape, il est intéressant de prendre le temps d'examiner tous les aspects sensoriels des images qui se présentent, et de noter les comportements qui traduisent l'émotion. C'est l'observation de ces comportements qui aidera à se souvenir de situations vraiment caractéristiques, et d'exemples plus précis :

- Au cours des derniers mois, quelles sont les situations au cours desquelles j'ai éprouvé cette émotion ?

Les réponses vont faire apparaître différents contextes que nous allons analyser cette fois avec les mêmes interrogations que celles ayant servi à identifier les points communs de nos difficultés.

- Qu'est-ce qui m'oblige à m'impliquer dans la situation ?
- Quels sont les enjeux ?
- Quelles sont les étapes identifiables ?
- Qu'est-ce qui me permet de sortir de la situation ?

Il est intéressant de nuancer ces questions car elles s'appliquent ici à des contextes vécus de façon agréable et positive. Voici une variante possible :

- Qu'est-ce qui m'attire vers cette situation ?
- Quels en sont les bénéfices ?
- Comment cette situation s'organise-t-elle ?
- Comment cette situation prend-elle fin ?

Enfin, nous achèverons notre exploration en cherchant un éventuel double objectif aux comportements observés dans chaque contexte.

La joie

Annie est institutrice dans une école maternelle. Elle est passionnée par son métier et parle avec enthousiasme de son expérience. Elle se sent heureuse, légère et trouve toujours un aspect positif dans les situations en apparence les plus familières de sa vie quotidienne. Elle affirme : « Mon métier, c'est ma passion. Les enfants sont adorables, même les petits monstres ! Il y a beaucoup de joie autour de moi ! »

Annie choisit la joie, car c'est l'émotion qui surgit spontanément quand elle évoque son expérience. Elle cite plusieurs exemples, notamment, dans son métier, quand elle anime sa classe et que les enfants participent pleinement aux activités. Elle parle aussi de son activité musicale, elle chante dans un chœur, qu'elle dirige aussi parfois, elle vit la musique avec intensité et sensualité. En plus, la musique fait partie de sa culture familiale, elle joue du piano, son mari du violon, et tout le monde chante... Elle évoque d'autres situations, toujours empreintes de convivialité, de partage.

Quand elle éprouve de la joie, Annie est très active, elle s'adapte facilement, les relations sont détendues. En explorant cette émotion, Annie admet qu'elle déteste la morosité. Quand elle a des soucis, elle cherche des solutions pour en sortir au plus vite et retrouver son état « normal ». Elle aborde toute situation avec optimisme, même quand elle doit affronter des problèmes difficiles. C'est de cette manière qu'elle se sent pleinement en accord avec elle-même, partager son optimisme, sa joie. Si la joie la quitte parfois, lorsqu'elle se sent fatiguée, elle ne se « reconnaît » plus, mais elle sait que l'optimisme et la curiosité ne lui font jamais défaut.

L'expérience d'Annie s'organise autour d'émotions positives, joie, optimisme, curiosité. Elle est convaincue que son aptitude à la joie est une ressource de grande valeur. Cette ressource se manifeste dans des situations relationnelles, de partage avec les autres. Annie ne s'autorise pas de joies vraiment « égoïstes », cela ne fait pas partie de ses thèmes de vie.

Aux yeux d'Annie, le monde extérieur est source de découvertes, de bonheurs. Elle parvient toujours à trouver quelque chose de positif dans ce qu'elle vit.

Existe-t-il un double objectif ? Annie refuse les aspects négatifs, le « côté obscur ». Toutefois, l'objectif annoncé reste parfaitement cohérent avec les enjeux. Les bénéfices qu'attend Annie en essayant de transmettre sa joie sont tout à fait clairs. Elle est consciente que sa façon positive de voir les choses peut aussi aider les autres. L'éventuel objectif caché concerne la qualité relationnelle, Annie aime le contact avec les autres, cela lui apporte des gratifications affectives très importantes qui contribuent à maintenir sa joie de vivre. Elle s'arrange pour trouver de quoi confirmer ou renforcer cette ressource dans chaque nouvelle expérience. En effet, on imagine mal une attitude égoïste ou centrée sur soi avec un tel état intérieur. L'égoïsme traduit une peur du monde, et des autres tandis que la recherche de relations exprime un désir et une représentation positive du monde extérieur. Le thème de vie d'Annie semble adapté à ses objectifs et à son harmonie personnelle.

La curiosité

> Didier est enseignant dans une école de commerce, et consultant en management. Il s'implique dans de nombreuses activités culturelles. Il parle beaucoup de motivation, dans ses cours comme dans ses conversations privées. Pour lui, c'est la clé de toute réussite. Didier parvient toujours à voir ce qu'il y a de nouveau ou d'inhabituel dans une situation, même familière ou routinière. Il ne s'ennuie jamais car il est persuadé que toute expérience recèle quelque chose d'intéressant. Il est à l'affût de tout ce qu'il peut apprendre. Il se sent « obligé » de savoir et de chercher à en savoir plus. Il admet qu'il ne peut pas tout savoir, mais ne supporte pas de ne pas tout mettre en œuvre pour combler quelques lacunes. La curiosité lui sert de guide : « Il arrive que je trouve des informations qui, sur l'instant ne me servent à rien, mais bon... On ne sait jamais... Même si ce n'est pas intéressant tout de suite, ça peut le devenir ! »
>
> Quand un livre l'intéresse, il le dévore. Quand il anime un cours, il s'intéresse à ses auditeurs, suscite le débat, écoute attentivement les commentaires, les questions, il cherche à transmettre son appétit de connaissances. Sa curiosité insatiable lui vaut aussi quelques déboires dans sa vie sentimentale. Il commente avec une légère amertume : « Il faut aussi savoir s'arrêter... » Justement, comment Didier sait-il que sa recherche est terminée ? Généralement, quand il peut se faire une idée précise du sujet, le situer, se le représenter par une image mentale, répondre à quelques questions. Ainsi, il peut passer à autre chose. En fait, sa curiosité et sa motivation dépendent de l'objectif qu'il se fixe.

Les thèmes de vie de Didier sont inspirés par le désir. Le monde extérieur est perçu comme une source intarissable d'expériences et de découvertes qui l'attirent intensément. Le désir de savoir est beaucoup plus puissant que la peur d'avoir de mauvaises surprises. Cette éventualité n'est d'ailleurs jamais évoquée. Cette motivation représente sa signature personnelle, c'est le reflet fidèle de son identité la plus authentique.

À présent, nous allons examiner ces informations à l'aide des questions suivantes :

- Qu'est-ce qui oblige Didier à s'impliquer dans la situation ?
- Quels sont les enjeux ?
- Quelles sont les étapes identifiables ?
- Qu'est-ce qui permet de sortir de la situation ?

Le cas de Didier illustre directement trois de ces interrogations. Les enjeux traduisent parfaitement son identité : l'idée qu'il a de lui-même et l'image qu'il transmet sont parfaitement en accord. S'il se sent limité dans son désir de connaissance, la démotivation apparaît, et Didier se sent décalé par rapport au personnage qu'il incarne dans son théâtre mental.

Dans les deux exemples cités, l'émotion représente un élément moteur des actions et des choix. Didier évoque sa curiosité d'esprit, sa soif de découverte pour justifier ses choix. Pour Annie, sa joie intérieure est source d'inspiration et de motivation. Elle justifie ses comportements et son désir de partage avec son entourage. Quand Annie se met en décalage par rapport à cet état, elle cherche à le retrouver pour « se retrouver » conforme au personnage qu'elle joue dans son théâtre mental.

Ces découvertes permettent de comprendre les motivations de chacun, ce qui incite à engager une action, prendre une décision ; elles offrent une valeur prédictive utile. En effet, si nous voulions convaincre Didier d'adhérer à un projet, il serait nécessaire de lui montrer des perspectives de découvertes intéressantes. Si nous voulions persuader Annie d'apporter sa collaboration à un projet, nous devrions lui montrer les perspectives de joie et de partage dont elle pourrait bénéficier.

La satisfaction

Hervé, 29 ans informaticien, envisage de devenir formateur. Il hésite à s'engager dans cette voie et me confie ses hésitations : « La formation me tente beaucoup, il m'est déjà arrivé de remplacer un de mes collègues et l'expérience a été positive. Mais, j'hésite quand même un peu. »

Quand il fait le point sur les aspects positifs de cette expérience, il trouve que le changement d'activité a été stimulant, la découverte l'a motivé, et surtout, il a eu la satisfaction d'atteindre l'objectif de la mission, en vérifiant que ses messages étaient bien compris, et que ses stagiaires pouvaient utiliser l'enseignement dispensé. Réussir à surmonter le trac ajoute encore à la satisfaction ; Hervé l'a compris comme une ressource et non comme un obstacle.

Hervé hésite cependant car il redoute de devoir répéter sans cesse les mêmes choses et de se sentir coincé dans un rôle. S'il approfondit l'exploration de ses souhaits, il voudrait pouvoir partager son temps entre la formation et son activité professionnelle actuelle. Cette situation lui semble idéale, chaque contexte venant enrichir l'autre. Il dit : « J'ai beaucoup plus de satisfaction dans mon travail quand je ne fais pas tou-jours la même chose. Cela m'oblige à me remettre en question. J'ai l'impression de faire vraiment quelque chose d'intéressant. Je dois relever des défis et sortir gagnant pour éprouver un sentiment de satisfaction. »

Plusieurs éléments apparaissent indispensables pour parvenir à un sentiment de satisfaction :

- Faire des choses variées, éviter la routine.
- Relever un défi et sortir gagnant.

Ces données s'associent et contribuent chacune à la satisfaction d'Hervé. Il s'applique à accomplir la mission qu'il se donne ou qu'on lui confie, et établit lui-même les critères de validation. Bien que l'aspect relationnel soit important, Hervé ne le place pas au premier plan.

L'élément de nouveauté ou simplement d'évitement de la routine est également présent dans la motivation d'Hervé. Il craint de s'enfermer dans une activité. Hervé tire sa satisfaction de la réussite d'une mis-sion, à condition que celle-ci l'oblige à sortir de ses habitudes et le conduise à élargir ses compétences. Hervé associe la qualité de son travail et la variété des tâches : il se croit plus performant s'il effectue des tâches créatives ou qui l'obligent à se dépasser.

Alors que, pour beaucoup, la qualité du travail dépend étroitement de la parfaite connaissance des tâches requises, Hervé estime qu'il est meilleur quand il doit prendre en charge de nouvelles tâches. Cette organisation particulière de son thème de vie lui permet d'intégrer aisément le trac ou le stress qu'il ressent comme incontournables et même stimulants.

Au cours de la conversation, l'exploration d'autres contextes fait apparaître les mêmes éléments, utilisés différemment. Les difficultés évoquées sont en relation avec une sensation de blocage de ses possibilités d'action et d'expression de ses potentiels créatifs. Les motivations d'Hervé s'inscrivent dans des perspectives de défi et de découverte. Il ne cherche ni la facilité ni la tranquillité !

Son thème de vie se centre autour du désir : savoir, dominer, agir. Le plaisir s'y associe en tant qu'évaluation des décisions et des actions entreprises.

Définir une « devise »

Nous disposons à présent de nombreuses informations pour décrire précisément les thèmes de vie. Nous allons en faire la synthèse avec la technique de la devise.

Comme le titre d'un livre, ou d'un film, la devise énonce le sujet et en présente le contenu. Une devise s'exprime en une courte phrase, voire quelques mots judicieusement choisis. Elle fait appel à une image, emprunte la forme d'une métaphore et peut atteindre la puissance évocatrice de la poésie. Parfois des expressions du langage courant font d'excellentes devises : « Libre comme l'air » évoque, bien entendu, l'autonomie de la personne, mais aussi la fluidité, la souplesse, l'adaptabilité que suggère la comparaison avec l'air.

Pour définir la bonne devise, celle qui va nous aller « comme un gant », nous allons étudier et comparer au moins trois situations différentes qui nous ont motivé, satisfait, ou mis en difficulté.

Nous savons comment explorer contextes, enjeux, étapes, et solutions mises en œuvre pour sortir d'une difficulté. Nous savons aussi traquer une série d'expériences en suivant la piste de l'émotion. Il ne nous reste plus qu'à rassembler les informations et en faire la synthèse : la « devise ».

Exemple : Odile

Odile, 35 ans, assistante de direction, vient de perdre son emploi, l'entreprise ferme. Je fais le point avec elle en vue d'une éventuelle réorientation professionnelle.

Fortement déstabilisée, elle parle longuement des difficultés qu'elle éprouve à la suite de la perte de son emploi. Une phrase revient sans cesse : « J'ai peur de ce vide dans ma vie. Je n'ai plus de point de repère, j'ai toujours été très active. Je ne me suis jamais plainte d'avoir trop de travail, c'était mon problème, et j'ai toujours réussi à assumer. Aujourd'hui, quand je me retrouve seule, j'ai peur. »

Odile reconnaît cependant qu'elle a toujours éprouvé cette émotion, à certains moments. Quand cela se produit, elle redouble d'activité, pour y échapper. Chaque fois qu'elle doit affronter une situation imprévue ou nouvelle, elle doute d'elle-même, se remet en cause. Peur de l'échec, peur de ne pas être à la hauteur ponctuent toute sa vie, professionnelle et personnelle.

Dans la situation actuelle, elle multiplie les démarches. Ce qui la motive c'est un besoin impérieux d'être à nouveau « active », peu importent les difficultés. Cela vaut mieux que de rester chez elle et de faire face à la vacuité de son emploi du temps. Odile ne se sent pas exister réellement si elle ne peut s'investir dans un cadre professionnel. Elle se dit prête à accepter un poste moins qualifié et moins gratifiant, moins rémunéré, pourvu qu'elle soit à nouveau dans la vie active.

Odile ressent de la satisfaction chaque fois qu'elle relève un défi et sort victorieuse. Elle a besoin de « se dépasser ». La satisfaction tient autant dans le fait de relever le défi que dans le gain final. Chaque situation de défi lui permet de s'autoévaluer, de réaffirmer ses compétences, et de renforcer la confiance en soi, dont, on l'a compris, elle manque souvent.

La peur d'échouer, le besoin d'agir, le désir de gagner, de dominer les éléments sont les traits les plus caractéristiques des thèmes de vie d'Odile.

Ces éléments s'organisent différemment selon les contextes. Dans la situation actuelle, la peur d'échouer et le désir de gagner se relayent pour créer un irrésistible besoin d'agir, seul capable d'apaiser ses inquiétudes. Les motivations d'Odile illustrent aussi cette organisation : le désir de gagner domine. Odile obtient des satisfactions lorsqu'elle s'engage dans un défi, et que le désir de gagner se conjugue au besoin d'agir. Dans sa situation actuelle, la peur d'échouer est implicitement reléguée en arrière-plan, Odile ne veut même pas envisager de ne pas gagner son défi.

On relèvera quelques ressemblances entre l'exemple d'Hervé, cité précédemment dans l'exploration de la satisfaction, et celui d'Odile. Le besoin de relever des défis, de se surpasser est présent dans les deux cas. Toutefois l'exemple d'Hervé ne présente pas d'ambiguïté. Il se trouve dans une situation de choix qu'il domine. La décision d'orienter sa carrière ne lui est pas imposée comme c'est le cas pour Odile. Tantôt la peur domine, tantôt le désir l'emporte. La devise qui reflète l'organisation actuelle d'Odile doit donc traduire cette dialectique entre peur et désir. On retiendra donc les mots-clés suivants : agir, défi, gagner, vaincre la peur « À cœur vaillant, rien d'impossible » pourrait servir de devise. Fidèle à la réalité, elle évoque les enjeux et tient compte de la peur liée à la situation présente. Le thème de vie qui anime les choix d'Odile reflète à la fois une organisation personnelle (critères, valeurs) et une sorte de « toile de fond » émotionnelle. Après avoir stabilisé sa vie professionnelle, les thèmes de vie d'Odile vont probablement traduire le même désir d'agir et de gagner, mais la peur de l'échec y tiendra une place secondaire ou aura changé d'objet.

Pour conclure ce voyage dans nos thèmes de vie, voici quelques exercices sous forme de jeux.

Deux jeux pour exercer votre sagacité

Jeu n° 1

Voici quelques exemples de devises. Elles appartiennent à : Agnès, Vincent, Kevin, Annie, Didier et Hervé. Saurez-vous les identifier ?

- 1- Exister, c'est s'imposer.
- 2- La vie, c'est le changement, la nouveauté
- 3- Donner, aider, partager.
- 4- Surtout, ne pas rester dans l'ombre.

- 5- Découvrir, apprendre, progresser.
- 6- Tranquille, à l'abri des changements.

Jeu n° 2

Maintenant nous allons prendre une devise pour point de départ et chercher comment les thèmes de vie vont l'illustrer.

Commençons par poser la proposition suivante : si cette devise reflète bien le thème de vie…

- Quelles sont les peurs présentes dans ce thème de vie ?
- Quels sont les objectifs que ce thème de vie permet d'atteindre ?
- Quels sont les avantages apparents et cachés de ce thème de vie ?

Examinons la devise suivante : « Agir vite pour être efficace. »

- Question 1 : Quelles sont les peurs présentes dans ce thème de vie ?
  On devine que la question du temps joue un rôle dominant dans ce thème. La personne a probablement peur de ne pas être là au bon moment ou de ne pas trouver rapidement la bonne réponse dans une situation donnée. C'est une variante de la peur de l'échec. On peut imaginer que le stress, l'action dans l'urgence jouent un rôle majeur.

- Question 2 : Quels sont les objectifs que ce thème de vie permet d'atteindre ?
  La personne cherche des preuves tangibles de son action : l'efficacité et la maîtrise des événements représentent les objectifs de ce thème de vie. Ce thème de vie favorise la compétition, la performance, les parcours d'excellence. Mais il peut aussi faire apparaître des conséquences désagréables de prises de décision trop rapides.

- Question 3 : Quels sont les avantages apparents et non dits de ce thème de vie ?
  Agir vite renforce l'image d'efficacité et de maîtrise recherchée, c'est le principal avantage de ce thème qui permet aussi d'éviter des décalages et autres remises en question. Les bénéfices

cachés sont liés à une sorte de perpétuelle « fuite en avant » pour échapper à des dangers tels que l'impression d'immobilité ou d'impuissance.

La personne cherche des gratifications immédiates mais de courte durée dans son désir de répondre rapidement aux problèmes qu'elle rencontre.

À vous de jouer maintenant. Examinez ces devises, passez-les au crible des trois questions pour établir votre évaluation du thème de vie.

- La vie est un combat, j'existe si je gagne.
- Vivre, c'est d'abord savoir se protéger.
- Il faut prendre son temps pour ne pas se tromper.
- Toujours plus, toujours mieux.
- Mon devoir avant tout.

L'idée, c'est d'utiliser son imagination en même temps que sa logique. À l'issue de cette démarche, vous trouverez probablement des gens dont certains thèmes de vie pourraient être définis par l'une de ces devises...

Réponses au jeu n° 1

Agnès : devise n° 5. Vincent : devise n° 6. Hervé : devise n° 2. Kevin : devise n° 4. Annie : devise n° 3. Didier : devise n° 2.

CHAPITRE 5

Décors, costumes et régie

Quelle que soit la situation, on peut repérer les thèmes de vie en prenant des points de repère dans quatre domaines de prédilection : éthique, social, affectif et matériel.

Le domaine « éthique » correspond à ce qu'on qualifie de « bien » ou de « mal » par rapport à des principes, des règles, des idéaux. Le domaine « social » concerne les aspects professionnels, les rôles de citoyen, de membre d'un groupe : c'est le territoire des affiliations, mais aussi celui du pouvoir. Le domaine « affectif » correspond aux aspects relationnels de la vie, c'est le territoire des sentiments, des attachements, des attirances, de l'amour, de l'indifférence, de la haine… Enfin, le domaine « matériel » concerne la possession de biens, le pouvoir de l'argent, les signes extérieurs de richesse. C'est dans le territoire « matériel » que s'organisent la recherche des bénéfices à court terme, la quête des plaisirs immédiats et les choix égocentriques.

Ces domaines forment le « modèle des quatre triangles », un outil pratique pour repérer comment se manifestent les thèmes de vie dans chacun de ces contextes.

Nous avons appris comment observer et recueillir les indices révélateurs de nos propres thèmes de vie. L'exercice de la devise nous a permis de prendre de la hauteur par rapport à notre expérience et de synthétiser les informations en allant à l'essentiel.

Ces étapes représentent une réflexion sur nous-mêmes, et développent notre sensibilité et notre intuition. Sur la scène de notre théâtre mental, nous ne sommes pas seuls, d'autres acteurs interviennent, des gens que nous côtoyons quotidiennement, en privé ou au travail, d'autres que nous voyons rarement, d'autres encore que nous ne connaissons que par médias interposés. Le travail sur soi favorise une meilleure compréhension des autres et une meilleure adaptation dans les situations relationnelles. Ce que nous apprenons sur notre expérience nous sert dans nos relations avec les autres, plus nous sommes conscients de nos thèmes de vie et mieux nous comprenons ceux des autres.

À présent, nous allons apprendre à identifier rapidement les valeurs qui nous motivent, quel que soit le domaine où elles se manifestent : éthique, social, affectif ou matériel. Cette démarche se révèle très utile pour anticiper les conséquences de nos décisions, mais aussi prévoir les réactions de nos interlocuteurs et mieux nous y adapter.

Si l'on découvre par exemple que la peur de se tromper figure parmi nos valeurs motrices, nous allons mieux comprendre ce qui justifie nos comportements d'évitement, d'hésitation, et de nombreuses contradictions. Les manifestations positives de cette même valeur seront centrées autour de l'exigence de qualité, de la régularité dans le travail, de l'aptitude à évaluer ses résultats.

À partir de ces données, nous saurons qu'une situation nouvelle, un imprévu, un changement ou même un apprentissage peuvent facilement nous déstabiliser. Nous sommes capables de donner le meilleur de nous-même dans les « seconds rôles » et dans les situations où nous ne serons pas seuls à prendre une décision. Ainsi, à partir de la même valeur et de l'expression de ses manifestations positives ou négatives, nous pouvons déduire et prévoir un certain nombre de possibilités, au moins autant que nous aurons exploré de contextes…

Le modèle des 4 triangles

La métaphore triangulaire renvoie aux relations entre peur, désir, et plaisir, évoquées précédemment. Appliquée aux quatre grands domaines d'expérience – éthique, social, affectif, matériel – elle nous permet de mieux organiser le recueil d'information.

Dans l'ensemble, il est toujours possible de situer nos décisions ou nos comportements dans le contexte qu'offre l'un ou l'autre de ces quatre domaines. Des choix, en apparence insignifiants, revêtent aussitôt une dimension intéressante si on les étudie dans une perspective éthique, sociale, affective ou matérielle. Une même décision participe souvent des quatre domaines, selon une organisation hiérarchisée. Prenons par exemple une décision en apparence très banale : choisir le revêtement mural de son appartement. On peut considérer ce choix dans la perspective d'un des quatre domaines, le relier à d'autres décisions, et commencer à établir quelques observations intéressantes, sur un plan plus général.

Il peut s'agir d'un choix essentiellement matériel : la personne a choisi le papier en fonction du prix, au détriment de son goût personnel. Il peut s'agir d'un choix social : la personne cherche alors à s'identifier avec un modèle social valorisé (elle a vu ce type de revêtement dans une revue de décoration, sur la photo de l'appartement d'une vedette ou de quelqu'un qu'elle admire ou jalouse). Il peut s'agir d'un choix affectif : ce revêtement possède certaines qualités qui s'inscrivent dans une complicité relationnelle, ou bien c'est la couleur préférée de l'autre, ou cela lui rappelle des souvenirs, des sentiments… Il peut s'agir d'un choix éthique : certaines règles de conduite sont appliquées à toutes les décisions ; la personne choisit en fonction d'une loi personnelle de modestie, de réserve, de « paraître », ou de tout autre critère moral.

Peur, désir et plaisir s'assemblent dans chaque domaine jusqu'à former un contexte personnalisé : ce sont là les décors, les costumes et la régie de notre théâtre mental.

Nous nous exprimons à différents niveaux et parfois de manière très contrastée. Par exemple, une peur se manifeste dans le domaine matériel, mais pas sur le plan affectif, sans pour autant mettre en péril la cohérence globale de nos thèmes de vie. Nous agissons en fonction de ces sources d'inspiration que sont les thèmes de vie, nous les mettons en scène dans notre théâtre mental, et surtout nous jouons la pièce sous les yeux des autres, révélant à chaque instant ce que nous sommes.

Le triangle éthique

Le triangle éthique regroupe les différentes valeurs morales, mais aussi l'aptitude à créer et à appliquer de telles valeurs. La plupart de nos comportements peuvent être compris au niveau moral, c'est pourquoi nous allons chercher quelles sont les règles que nous choisissons de respecter. Voici les questions qui vont guider notre exploration :

- Quelles sont les exigences auxquelles on doit obéir en fonction de ce que l'on est ?
- Quelles sont les obligations auxquelles on se soumet au nom de ses croyances, idées, et autres prises de position ?

Ce en quoi nous croyons nous appartient, nous ne le remettrons pas en question. En revanche, nous pouvons essayer de savoir si nous avons plutôt une certaine propension à adopter des règles de conduite fondées sur des croyances et autres principes.

Les croyances religieuses ou idéologiques imposent des obligations auxquelles le pratiquant, le militant se soumettent pour se conformer à un modèle valorisé. Il existe d'autres croyances tout aussi contraignantes, notamment celles qui s'enracinent dans notre identité.

Par exemple : « Je m'efforce toujours de me montrer tolérant et d'écouter les autres. » Cette affirmation renvoie à une représentation de soi valorisée, le « beau rôle » qu'on s'attribue dans la pièce et dont l'enjeu existentiel détermine les comportements. Elle fait aussi référence aux exigences de notre identité, en tant que personne, citoyen, partenaire (ou tout autre rôle que nous jouons dans la vie), je dois faire ceci, ne pas faire cela. Une série de lois, d'interdits découle de ces croyances.

L'aptitude à adhérer à ces lois revêt une grande importance psychologique. Si nous nous trouvons en situation d'exploration, face à un interlocuteur, le fait d'observer et de comprendre ses thèmes de vie n'autorise aucune intrusion dans l'intimité de ses croyances religieuses ou idéologiques. Par contre, il est intéressant de savoir en quoi les nôtres influencent nos perceptions et nos évaluations, pour nous-mêmes comme pour les autres.

Nos thèmes de vie contribuent-ils à notre accomplissement personnel ? Le respect d'une règle de conduite peut être autant source de frustration que d'épanouissement : faire son « devoir » apporte une certaine satisfaction, mais peut aussi susciter du malaise, et explique que l'on « s'organise » pour transgresser cette règle directement ou indirectement. Pour certaines personnes, le respect d'une règle est une preuve d'affiliation, d'appartenance à un groupe, une tribu, et les contraintes apparaissent alors très légères en regard des bénéfices.

Si on observe certains comportements sous l'angle de l'efficacité la plus terre à terre, leur dimension éthique n'apparaît pas d'emblée, il faut les situer dans une perspective plus large. Par exemple, la recherche de l'efficacité s'inscrit dans une éthique de conscience professionnelle.

Investir une grande part de son énergie pour accomplir des tâches professionnelles même si cela n'augmente ni le salaire ni la considération des autres relève d'une nécessité éthique. Les bénéfices de ce comportement se mesurent en gratifications psychologiques : on agit de la sorte pour rester en accord avec les exigences de l'image de soi qu'on a choisi de s'imposer.

Lire et comprendre le triangle éthique

Pour lire et comprendre le triangle éthique, nous étudions trois points :

- L'enjeu des comportements, qui explique pourquoi ils valent la peine d'être mis en œuvre, et quels en sont les bénéfices.
- L'organisation des valeurs en fonction de l'équilibre entre la peur, le désir ou le plaisir traduit les priorités personnelles.
- La pertinence de ces règles par rapport aux aspirations personnelles permet de savoir si elles sont totalement ou partiellement acceptées.

Les valeurs morales qui constituent le triangle éthique peuvent également faire l'objet d'une lecture en fonction des axes définis par la peur, le désir ou le plaisir. À chaque niveau d'exploration, nous pourrons appliquer cette triple interrogation, pour nous-mêmes comme pour les autres.

On va donc chercher à savoir si la personne construit et applique des valeurs morales selon qu'elle tend à éviter une conséquence négative (prédominance de la peur), qu'elle cherche à atteindre un objectif existentiel (prédominance du désir), ou obtenir une satisfaction personnelle et immédiate (prédominance de la recherche du plaisir). Trois questions servent utilement notre exploration :

- Qu'est-ce que l'on cherche à éviter ?
- Vers quel objectif se dirige-t-on ?
- Quelles sont les gratifications attendues (souhaitées, voulues…) ?

Enjeu des comportements

L'enjeu d'un comportement correspond à ce qu'on risque de perdre ou de gagner dans l'action. Certaines personnes sont surtout conscientes de ce qu'elles vont y perdre, d'autres de ce qu'elles peuvent y gagner, et d'autres encore voient surtout le plaisir de jouer…

Pour découvrir l'axe moteur d'un comportement relevant du triangle éthique, il est intéressant d'en connaître l'enjeu. Habituellement, l'enjeu le plus simple et le plus puissant concerne la représentation de soi. Il s'agit de rester en conformité avec un modèle valorisé : le « beau rôle ». Le désir anime généralement les comportements mis en œuvre pour satisfaire cet enjeu. Il existe aussi des enjeux directement déterminés par la peur : ils animent les comportements de « surprotection » de soi ou de l'entourage humain et matériel immédiat. On se donne des règles de conduite qui permettent d'obtenir et d'entretenir un sentiment de sécurité face à un environnement interprété comme menaçant. Cela conduit à se demander quels sont les éléments qui font apparaître le monde extérieur sous l'angle du danger. Que considère-t-on comme un danger ? Face aux mêmes données serait-il possible d'appliquer une autre règle de conduite ?

L'enjeu d'un comportement révèle parfois, nous l'avons vu précédemment, un objectif caché. Prenons le cas d'un thème de vie s'inscrivant dans la prodigalité. Cette orientation conduit à dépenser sans compter temps ou argent pour soi-même comme pour son entourage. Des satisfactions personnelles et immédiates en résultent, malgré des conséquences parfois désastreuses. L'enjeu réel de cette prodigalité consiste à se faire plaisir, et on s'y autorise en procurant à d'autres des satisfactions qu'on désire pour soi-même.

Pour connaître l'enjeu des comportements inscrits dans le triangle éthique, posons-nous des questions visant à mettre en évidence les bénéfices qu'ils sont supposés apporter. En voici quelques exemples :

- Qu'est-ce que ce comportement m'apporte ?
- Quelles sont ses conséquences positives pour moi, pour les autres ?
- Que pourrais-je perdre en ne faisant pas ce choix ?
- Quelles difficultés ce comportement me permet-il d'éviter ?
- Quels sont les bénéfices immédiats de ce comportement ?
- En quoi est-ce important pour moi d'agir ainsi ?

Enfin, il est intéressant d'évaluer dans quelle mesure les règles de conduite relevant du triangle éthique permettent d'accéder à une attitude réaliste et positive face à différentes situations. En effet, certaines règles de conduite relevant du triangle éthique peuvent se révéler tout à fait inappropriées. Beaucoup de gens imaginent qu'ils n'ont pas le droit de demander quelque chose pour eux, même si c'est justifié.

> *Fanny, agent administratif, trouve une erreur dans son bulletin de salaire, elle relit attentivement son contrat. Elle a raison, une erreur s'est produite, il manque quelques euros. Pourtant, elle ne se décide pas à en parler avec la responsable. Elle confie à une de ses collègues :*
>
> *— Ils ne peuvent pas se tromper, je me suis fait avoir, c'est tout... Ils ont certainement une explication. Si j'y vais, elle va me démontrer que je me suis trompée, me dire que je lui fais perdre du temps. Je vais être humiliée pour rien... »*
>
> *— Tu as tort, tu n'as rien à perdre... À ta place, je n'attendrais pas. Si vraiment ça te pose un problème, tu peux aussi écrire...*
>
> *L'idée d'écrire une lettre pour demander des explications lui semble vraiment insurmontable. Fanny, poussée par sa collègue, finit par aller voir la responsable, qui prend son temps, examine les données et conclut elle aussi à l'erreur...*

Dans la vie courante, on observe souvent des règles « éthiques » tout à fait inadaptées. C'est notamment le cas lorsque l'on s'imagine être la seule personne vraiment compétente dans son domaine, et que l'on conclut hâtivement pouvoir se passer des remarques ou des conseils des autres. Ceci s'exprime dans des affirmations du type : « Je connais mon métier, je sais ce que j'ai à faire… » Les difficultés à s'intégrer dans une équipe, l'inaptitude à déléguer, la méticulosité qui frôle l'obsession et conduit à tyranniser les autres ou à refaire le travail à leur place illustrent des règles éthiques inadaptées. Mais des attitudes de négligence, tâches bâclées, ou anomalies non signalées traduisent aussi les mêmes croyances, elles s'expliquent du fait que la personne estime ne rien devoir entreprendre, en dehors de son champ de compétence !

Des détails qui, à première vue, n'ont pas de rapport entre eux trouvent une place significative dans la compréhension des aspects éthiques.

Triangle Éthique

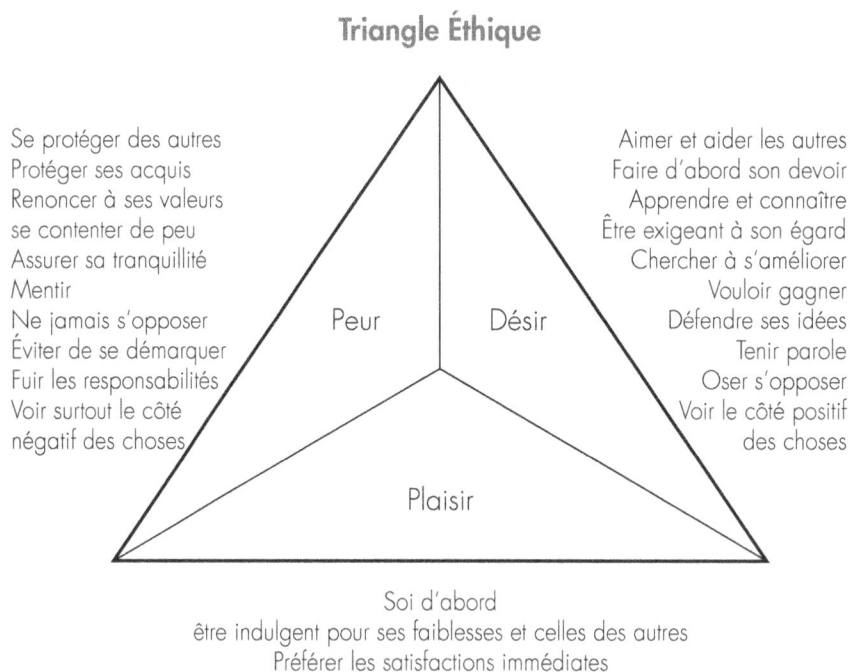

Se protéger des autres
Protéger ses acquis
Renoncer à ses valeurs
se contenter de peu
Assurer sa tranquillité
Mentir
Ne jamais s'opposer
Éviter de se démarquer
Fuir les responsabilités
Voir surtout le côté négatif des choses

Peur   Désir

Aimer et aider les autres
Faire d'abord son devoir
Apprendre et connaître
Être exigeant à son égard
Chercher à s'améliorer
Vouloir gagner
Défendre ses idées
Tenir parole
Oser s'opposer
Voir le côté positif des choses

Plaisir

Soi d'abord
être indulgent pour ses faiblesses et celles des autres
Préférer les satisfactions immédiates

Le schéma ci-dessus propose quelques indices permettant de relier un comportement au triangle éthique. Ces indices résument des comportements facilement observables quelle que soit la situation de communication.

Identifier un thème de vie à partir du triangle éthique

Michèle, 28 ans, éducatrice spécialisée est mon interlocutrice. Je lui propose une recherche rapide de ses repères dans le triangle éthique.

– *Que détestez-vous chez les autres ?*

– *Je ne supporte pas les gens qui mentent, ceux qui vous disent toujours « oui », qui vous font des compliments et qui n'en pensent pas un mot. En fait, je ne supporte pas les gens qui trahissent la confiance.*

– *Et s'il vous arrivait de mentir…*

– *Cela m'est arrivé, il y a longtemps. Je ne vous raconterai pas cette histoire, mais j'ai été très malheureuse et aujourd'hui je ne veux plus que cela m'arrive. Je préfère ne pas m'engager plutôt que de ne pas tenir mes promesses. Je me détesterais si je faisais cela.*

– *Quand vous rencontrez des gens qui mentent, que se passe-t-il ?*

– *Je fais mon possible pour les éviter, et si je ne peux pas, je reste sur mes gardes. Je suis très mal à l'aise car je ne sais plus quoi penser.*

– *Vous est-il arrivé d'accorder votre confiance et d'être trahie ?*

– *Oui évidemment, c'est le risque. Mais, moi, je ne veux pas mentir.*

– *Qu'est-ce qui arriverait si vous le faisiez ?*

– *Si je mentais, je ne pourrais pas venir en aide aux autres, et puis je finirais par me retrouver toute seule, personne n'aurait confiance en moi. Je veux prouver qu'on n'est jamais obligé de mentir pour se faire apprécier. Beaucoup de gens mentent parce qu'ils ont peur. Je crois qu'ils ont tort. Et puis, je trouve que c'est beaucoup plus économique de dire la vérité.*

Elle rit… Je reprends :

– *Si vous deviez choisir une devise, quels en seraient les mots-clés ?*

– *Hum… Vrai, être vraie, soi-même, confiance, aider… ! Il y a quelque chose qui me vient à l'esprit « Être vraie pour être soi… » ?*

– *C'est une belle devise, est-ce que vous vous sentez en accord avec cette devise ?*

– *C'est plus qu'une devise, pour moi… C'est presque un idéal, cela fait un peu prétentieux… Mais au fond, chuchote-t-elle, c'est quand même bien cela que je veux !*

Deux « recettes » très simples sont utilisées pour la recherche rapide. La technique du contraste consiste à chercher un trait qu'on déteste chez les autres. Quand on parle de ce qu'on ne supporte pas chez les autres, la réponse est une métaphore, qui met en évidence une des limites de son propre théâtre mental. Cela correspond à ce qu'on s'interdit de faire.

La technique du « comme si » consiste à imaginer ce qui se passerait si on se conduisait comme ceux qu'on vient de condamner. Cette question renvoie souvent à une expérience passée au cours de laquelle on a eu ce comportement qu'on déteste aujourd'hui.

Dans le cas de Michèle, le sentiment désagréable ressenti alors apparaît facilement. L'expérience passée est devenue une référence à partir de laquelle une croyance puissante s'est forgée : si elle ment, cela la rend malheureuse et devient un obstacle pour établir des relations d'aide. Elle énonce les conséquences négatives qu'elle devrait alors affronter : perdre la confiance de ses interlocuteurs, et se retrouver seule.

La devise « être vraie pour être soi » semble parfaitement convenir, et reflète bien l'énorme enjeu existentiel que Michèle investit dans cette prise de position.

En conclusion, le thème de vie « être vraie » est construit à partir d'une expérience de référence qui a provoqué une émotion désagréable. La croyance qui en résulte vient alors mettre en œuvre des comportements destinés à éviter de revivre cette expérience. La peur d'être seule, et celle de ne plus exister (perte de crédibilité) semblent l'emporter. Mais, le désir de prouver le bien-fondé de sa position joue aussi un rôle moteur important pour « être vraie ».

Le triangle social

Le triangle social se compose des valeurs et croyances qui animent les comportements dans les rôles de la vie professionnelle, collective, associative. Exister en tant que citoyen, consommateur, membre d'un groupe, ou d'une équipe représente autant de contextes sociaux dans lesquels s'observe l'action des thèmes de vie. Notre exploration va s'intéresser en particulier aux images sociales valorisées que nous voulons atteindre ou transmettre.

En outre, nous allons explorer l'accessibilité de ces images. En effet, il y a beaucoup de différences entre une image accessible et une image idéalisée ; ces dissemblances traduisent l'aptitude à évaluer les points de départ, les moyens dont on dispose, et la possibilité de fixer des objectifs réalistes.

L'influence des valeurs joue un rôle très important dans les comportements sociaux. Prenons l'exemple banal d'un piéton qui veut traverser la rue. Généralement, les gens attendent que le feu passe au rouge pour avancer, certains poussent l'obéissance jusqu'à attendre le feu rouge même s'il n'y a aucune voiture en vue. D'autres semblent ne tenir aucun compte de ce signal et tentent de passer coûte que coûte le plus vite possible. Si un monsieur bien habillé dont l'allure est « socialement correcte » (vêtements, comportements) traverse la rue, même si le feu n'est pas rouge, les autres piétons auront tendance à lui emboîter le pas. Si c'est une personne en haillons et d'allure marginale qui traverse, les autres piétons ont tendance à rester sur le trottoir et à attendre que le feu passe au rouge. Ces différentes attitudes illustrent des croyances et des représentations sociales. Le piéton qui ne tient pas compte du feu fait confiance à sa propre capacité d'évaluation qu'il juge meilleure que la règle établie ; celui qui obéit au signal délègue sa capacité d'évaluation à une règle établie. L'un et l'autre de ces comportements sont conformes à l'image sociale de leurs possesseurs. Le piéton qui décide de suivre le monsieur bien habillé lui délègue sa capacité d'évaluation de la situation. S'il évite d'emboîter le pas au marginal qui traverse, il désigne l'image sociale de ce dernier comme peu digne de confiance. Ces comportements font appel à des modèles mentaux et à des représentations sociales.

Explorer le triangle social conduit à examiner plusieurs pistes. Par exemple, il est intéressant de savoir si on cherche à profiter de l'environnement ou si on se conduit en victime. Dans une situation nouvelle ou imprévue, va-t-on tenter de jouer un rôle actif ou passif ? Cette distinction illustre la représentation de soi, plus ou moins valorisée et adaptée au contexte. L'idée qu'on se fait de son rôle influence l'image qu'on veut transmettre aux autres. L'aspect actif ou passif des comportements, l'appartenance à une tribu, et les conformismes divers révèlent d'intéressantes informations à propos des thèmes de vie. De nombreux comportements s'inscrivent en effet dans le triangle social : aléas de la vie quotidienne, habitudes de consommation, ou loisirs révèlent autant d'informations que des confidences plus intimes.

Si on choisit par exemple d'explorer des contextes liés aux loisirs, l'image de soi valorisée vers laquelle on s'oriente apparaît rapidement. La préférence qu'on donne à la pratique d'un sport ou d'un loisir illustre à la fois l'image de soi qu'on veut atteindre et celle qu'on veut offrir au regard des autres. Certains sports sont réputés difficiles, extrêmes, et réservés à une élite, d'autres sont réputés populaires. Le choix n'est jamais anodin, il est influencé par la mode et les représentations sociales auxquelles on adhère. La place que tient la pratique sportive, les avantages qu'elle apporte nous renseignent avec précision sur les représentations sociales et les thèmes de vie. Toujours en partant de ce contexte, on peut identifier des modèles : un champion, un artiste, une célébrité qu'on admire ou qu'on déteste correspond à des critères qu'on applique à soi-même, c'est en cela qu'il est intéressant de les examiner.

Lire et comprendre le triangle social

Comme pour le triangle éthique, nous allons nous interroger sur l'influence de la peur, du désir et du plaisir dans les valeurs du triangle social.

Tout ce qui traduit l'image sociale de soi peut être utilisé pour lire et comprendre les thèmes de vie, notamment les codes sociaux comme les vêtements[1], les particularités langagières, certaines habitudes de consommation, ou les rites faisant référence à un groupe d'appartenance (chapitre 6 : tatouages, *piercings* et autres modes). En se servant de ces codes on montre son affiliation à une « tribu », sa tendance à obéir à des modes, sa dépendance par rapport à des groupes de référence, et l'importance accordée à « soi », par rapport à « l'autre ».

---

1. Marie-Louise Pierson, *L'Image de soi*, Éditions d'Organisation, 1992.

Les modes imposent de se conformer à des normes qui s'appliquent à de nombreux contextes : la manière de se distraire, d'entrer en relation avec les autres, les objets dont il faut s'entourer pour rester « tendance ». Chacun sélectionne parmi ces comportements ceux qui lui conviennent, ainsi la même personne peut-elle arborer des signes faisant référence à différentes modes. Par exemple, le code vestimentaire évoque l'appartenance à un groupe, le langage à un autre. L'image globale semble alors décalée car il est difficile de situer la personne par rapport à sa « tribu ».

Bien qu'aucune classification ne rende parfaitement compte des différences réelles entre les groupes, il existe différentes façons de classer les gens en fonction de leur appartenance[1] sociale : tribu, mouvance et autres constellations. Toutefois, identifier l'affiliation ne doit pas faire oublier qu'on cherche à comprendre une organisation personnelle. Les thèmes de vie s'enracinent profondément dans les dimensions de l'appartenance sociale[2], mais ces signes ne suffisent pas à rendre compte des différences individuelles.

Le schéma suivant donne quelques indications de comportements animés par la peur, le désir ou la recherche du plaisir.

L'activité professionnelle, culturelle, ou les loisirs fournissent des contextes propices à l'exploration du triangle social.

Quand on évoque ses ambitions, ou qu'on exprime le souhait d'élargir ses compétences, d'évoluer au plan professionnel, c'est que l'on cherche à s'accomplir dans le contexte social. Cette attitude conduit à envisager l'avenir comme une source d'opportunités positives.

---

1. *Revue française de sociologie* « Fluidité et hiérarchie : l'évolution de la stratification sociale en France » janvier-mars 1999, XL-1, trimestriel, éd. Ophrys, BP 87, 05003 Gap Cedex. La revue *Sciences Humaines* a publié en 1995 un panorama des différentes méthodes de classification des groupes sociaux. Bien que très contestée la classification socioprofessionnelle de l'Insee demeure toujours valide. *Cf.* bibliographie.
2. Pour approfondir la question, le lecteur pourra se référer aux travaux de Rodolphe Giglione et, notamment, au tome 3 de son *Traité de psychologie cognitive* (Cognition, Représentation, Communication) où il précise comment se construisent les représentations sociales.

Triangle Social

Être victime de la dimension
sociale
Protéger ses acquis
Rester en arrière
Offrir de soi une image
agressive ou violente
Préférer la force à
la négociation
Renoncer à ses
rôles sociaux
Voir l'avenir
comme un
réservoir de
calamités

Peur   Désir

Plaisir

Jouer un rôle actif
Préférer le dialogue
à la contrainte
Entreprendre
Assumer ses rôles
sociaux
Vouloir progresser
Exprimer ses
ambitions
Faire des projets
Voir l'avenir
comme une
chance

SOI D'ABORD
Transgresser les règles sociales
Chercher les satisfactions immédiates dans toute situation

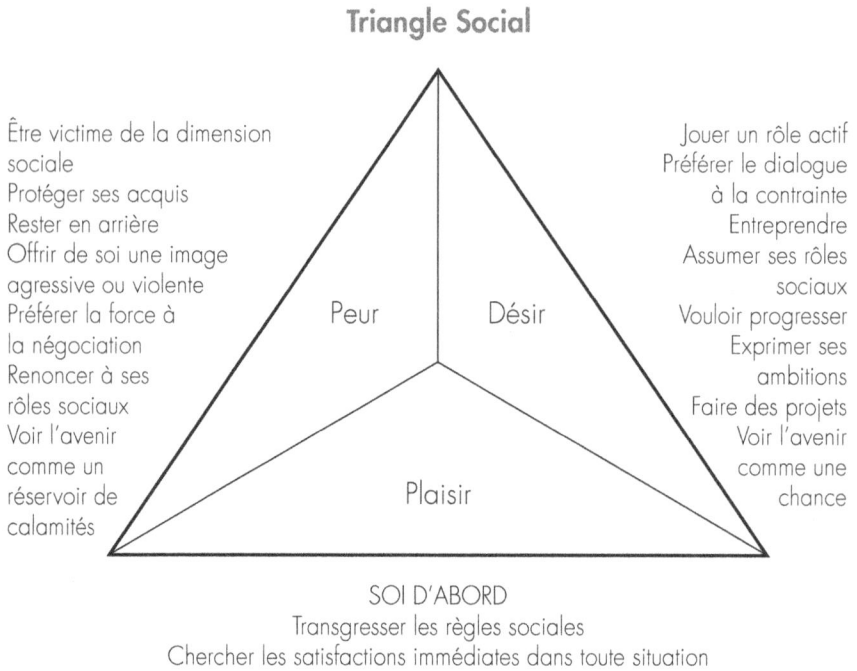

Mais, quand on n'arrive pas à atteindre ses objectifs, un état de frustration proportionnel aux efforts mis en œuvre s'installe parfois durablement. La solidité de la motivation face aux imprévus ou aux obstacles viendra préciser les valeurs du triangle social.

On pourrait comparer le thème de vie à la photo instantanée d'un moment psychologique. Bien qu'on puisse en déduire les tendances générales, et prévoir certains comportements, ce n'est que le reflet d'un instant précis, il ne faut pas oublier de réactualiser les informations. Les prévisions fiables s'appuient sur les valeurs qui traversent le temps, et la plupart des thèmes de vie en contiennent sous diverses formes.

Il arrive qu'on évalue comme négatifs ou inadaptés certains comportements relevant du triangle social. Nous devons nous efforcer de les comprendre dans leur contexte car ils expriment le plus souvent la face cachée d'une valeur malmenée par une expérience négative.

Certaines personnes présentent des comportements de repli, d'indifférence, voire de résignation. Tout d'abord, on serait tenté de les évaluer comme des manifestations animées par la peur et peu épanouissantes. Cette évaluation est sans doute pertinente dans l'instant présent, mais, avant de la retenir, il faut que d'autres exemples du même comportement dans le passé et dans d'autres contextes (éthique, affectif, matériel) viennent la confirmer.

À la suite d'un échec professionnel, la plupart des gens réagissent par des comportements de repli, ou même de résignation. L'échec vient bouleverser les références précédentes, certains éléments vont s'y intégrer, d'autres non. L'échec qui renforce la peur de l'échec modèle le thème de vie et rend inévitables d'autres déboires. Mais, après un certain laps de temps, variable selon chacun, l'expérience peut aussi faire apparaître de nouvelles stratégies fondées sur des références rendues plus solides.

Identifier un thème de vie à partir du triangle social

Je reçois Bernard, 42 ans, kinésithérapeute. Il traverse une période de doute, et souhaite faire le point. Bernard se sent tout à fait épanoui professionnellement. Il ne remet pas en doute le choix de l'activité qu'il exerce. Deux critères majeurs justifient la validité de son choix : être en contact avec les autres et leur apporter une aide efficace et concrète. Il se situe exactement à l'opposé d'une activité ennuyeuse et abstraite. Il cite « la paperasse » comme exemple typique de ce qu'il déteste, et précise que c'est le seul aspect de son travail qui lui déplaît.

Il ajoute aussi qu'il redoute particulièrement la routine, l'ennui, l'immobilité. Il est arrivé à une période de sa vie où il a acquis une solide expérience professionnelle. Il lui semble parfois qu'il n'apprend plus beaucoup et cela le met mal à l'aise. Il a tendance à voir davantage les échecs que les bons résultats, ce qui le renvoie à un sentiment de frustration et de culpabilité.

Bernard se donne pour devise : « Être utile et efficace. »

Je l'amène à redéfinir son rôle à partir des mots-clés de sa devise. Les enjeux révèlent une représentation sociale de soi qui est demeurée constante depuis des années. Pourtant, il a changé. Son métier a évolué, la demande des patients aussi. Le doute qu'il éprouve aujourd'hui reflète ce décalage. Son métier représente la partie la plus valorisée de ses activités, et, il ne s'y retrouve plus tout à fait. Ses critères d'utilité et d'efficacité se trouvent confrontés à des exigences différentes, notamment l'évaluation des résultats. Il cite en particulier les résultats très irréguliers qu'il rencontre dans certains cas : mal de dos, et autres maux liés en grande partie au stress.

Le thème de vie de Bernard, pour son activité professionnelle, et donc son rôle social, se fonde sur le désir de satisfaire des critères : atteindre un but et non éviter des expériences désagréables. La satisfaction valide la mise en œuvre des efforts, mais le doute s'installe dans des situations qu'il évalue comme des échecs, et entraîne la peur de ne pas être à la hauteur de ses critères.

Le plaisir est lié à la satisfaction d'accomplir sa tâche avec efficacité, mais aussi et surtout à la qualité relationnelle.

Le triangle affectif

Le triangle affectif contient les différentes valeurs et croyances qui guident les comportements et les choix dans les relations affectives. Les relations amoureuses, familiales, et l'amitié sont les trois contextes d'exploration du triangle affectif. Par exemple, d'aucuns pensent qu'ils doivent s'efforcer de répondre aux attentes de leurs proches, et n'osent pas dire « non ». Cet acquiescement permanent représente la seule façon de montrer leurs sentiments d'amour. Le fait d'oser dire « non » équivaudrait à rejeter l'autre, et donc se trouver rejeté à son tour, un risque trop lourd à encourir. Quand on préfère acquiescer, même si on ne partage pas le même avis, c'est que son thème de vie est animé par la peur d'être seul. En revanche, si on prend le risque de s'opposer, c'est que le désir d'être unique domine le thème de vie ; la recherche de son propre bien-être, comme le fait d'être centré sur soi ne sont pas absents de ce type de thème.

Le triangle affectif reflète l'organisation des différents rôles de la vie relationnelle. On est d'abord l'enfant de ses parents, frère ou sœur au sein de sa famille. Puis, le rôle de camarade, de copain ou d'ami apparaît, ainsi que celui de partenaire amoureux. Ensuite, on intègre à son tour le rôle de parent, parfois de grand-parent. À chaque étape de la vie, une relation affective peut exister. À l'âge adulte, plusieurs rôles d'ordre affectif sont établis. Pourtant, le même thème de vie anime ces différents rôles.

Dans l'exploration du triangle affectif, nous observons nos différents rôles, les réels et ceux dont nous n'avons pas vécu l'expérience, mais qui nous influencent cependant. Par exemple, les jeunes adultes n'ont pas encore eu l'occasion de jouer le rôle de parent, mais ils ont souvent une idée très précise de ce qu'il faut et ne faut pas faire dans ce rôle, oubliant que c'est au cours du processus qu'on apprend à jouer ses rôles.

Il existe souvent une hiérarchie des rôles affectifs. Nous en privilégions certains au détriment des autres, et nous nous trouvons alors souvent en décalage vis-à-vis des attentes des autres. Par exemple, certains estiment plus facile de s'identifier à un rôle de copain que de parent, car ils rencontrent des difficultés à s'accepter en tant que tel.

Lire et comprendre le triangle affectif

Rôle passif ou rôle actif ?

Le sens du rôle joué dans les relations affectives vient mettre en évidence l'aspect actif ou passif. Deux questions se posent alors :

- L'évocation des expériences fait-elle apparaître la prédominance d'un rôle actif ou bien celle d'une victime passive ?
- Ces positions sont-elles constantes ou bien varient-elles en fonction du contexte affectif ?

Dans beaucoup de thèmes de vie, le caractère actif ou passif s'étend à différents contextes. Toutefois, il arrive qu'une même personne soit passive dans ses relations avec ses parents et active dans ses relations amicales. La distinction passivité/activité met en exergue le rôle valorisé : le « beau rôle » recherché dans les relations affectives. En effet, si tous rôles demandent une réelle part d'activité, cela n'exclut pas une proportion de passivité. La réponse à la question « qui décide en famille ? » (ou dans un autre contexte) révèle la part d'activité ou de passivité et fait apparaître la représentation du rôle. Par exemple, on peut être très à l'aise dans un rôle de parent un peu autoritaire qui prend les décisions et en assume les conséquences, et peu ou pas du tout à l'aise dans une relation amicale à moins d'être le chef ou l'animateur du cercle, ce qui revient à assumer ce rôle de « parent ». Un thème de vie fondé sur la peur d'être seul a souvent pour conséquence de renoncer à des aspirations personnelles ; on a tendance à faire beaucoup de concessions pourvu qu'on ne soit pas seul. Cela traduit une passivité parfois très importante.

Maintenant ou plus tard ?

Quelles sont nos attentes en termes de satisfaction, et quelle sorte de satisfaction est recherchée ? S'agit-il d'un plaisir immédiat dans un échange amoureux ou de la paisible harmonie d'une relation amicale, ou encore de la dynamique épanouissante d'une famille heureuse ?

La dimension du temps influence fortement les thèmes de vie. Plus les critères de satisfaction sont contraints par l'effet immédiat, et plus la recherche du plaisir s'impose dans le triangle affectif. Lorsque tel est le cas, le rôle actif dans les relations affectives ne sert plus qu'à obtenir une gratification immédiate. Dans les autres contextes, on observe une attitude passive. La contrainte du temps caractérise les grands traits de notre économie affective. Le cas extrême est celui du « zappeur » qui cherche une satisfaction précise et immédiate, son partenaire relationnel doit répondre exactement à son attente, faute de quoi, il passe immédiatement à une autre quête. De telles attitudes s'inscrivent dans une représentation centrée sur soi où les autres sont traités comme de simples figurants. Dans les relations sentimentales et amoureuses, ce type de comportement s'observe fréquemment et conduit à des situations de frustration, de mésentente et de rupture rapide.

Trouver l'équilibre entre soi et les autres

À partir de la contrainte du temps, on s'intéresse à l'équilibre entre la représentation de soi et la place des autres dans le théâtre mental. Le triangle affectif offre un cadre particulièrement favorable à l'expression de cet équilibre.

- Dans quelle direction s'orientent nos préoccupations affectives ?
- Quelle place attribuons-nous à notre propre expérience ? Existons-nous surtout au travers de celles des autres, ou cherchons-nous à imposer nos critères ?

Le modèle dit des « positions de perception » utilisé en PNL[1] met en évidence l'organisation entre soi et les autres. Il sert ainsi à faire prendre conscience des différents points de vue au cours d'une même situation. Si on évoque une situation qui met en scène plusieurs personnes, nous pouvons la revivre mentalement en jouant plusieurs rôles, autrement dit, en adoptant sa propre position de perception, c'est le « je », celle de son partenaire, le « tu », celle d'autres personnes présentes « ils » ou « elles », mais aussi, le « on » qui permet d'être témoin de la scène, le « nous » qui renvoie à des comportements effectués avec un(e) partenaire, des décisions prises ensemble, etc.

L'équilibre entre soi et les autres introduit la question de l'autonomie : observe-t-on une dépendance affective, et si oui, dans quelle situation en particulier ? L'idée même de la dépendance affective est-elle absente des relations ? Certaines personnes semblent tout à fait autonomes dans leur cadre professionnel, mais adoptent une conduite opposée dans leur cadre affectif.

D'autres encore éprouvent des difficultés à maintenir leur autonomie dans le triangle affectif, car elles la confondent avec l'égoïsme et ne veulent pas de cette image. Or, une relation épanouissante doit respecter l'autonomie de chaque acteur, faute de quoi, l'un ou l'autre subit des contraintes et des pressions en rapport avec le rôle qu'il croit devoir jouer dans cette relation. Des contradictions difficiles à gérer se produisent alors et se traduisent par des comportements ambigus.

Plus on est centré sur ses propres préoccupations et plus les valeurs affectives sont influencées par la peur ou le plaisir. Quand c'est le désir qui anime les comportements, cela oblige à sortir de son cocon et à prendre certains risques relationnels. Aller au-devant des autres, faire confiance, partager, faire plaisir sont autant de comportements dont le résultat n'est pas garanti car les efforts mis en œuvre ne sont pas toujours suivis de réciprocité, et le rejet n'est pas à exclure.

À partir de ces quelques pistes, on va identifier les croyances et les valeurs du triangle affectif. Dans la pratique, il n'est pas nécessaire d'explorer systématiquement toutes les possibilités, mais il faut les garder présentes à l'esprit afin de s'en servir pour préciser une intuition.

---

1. *Le grand livre de la PNL,* op. cit.

Le schéma ci-dessous donne quelques exemples d'attitudes relevant du triangle affectif.

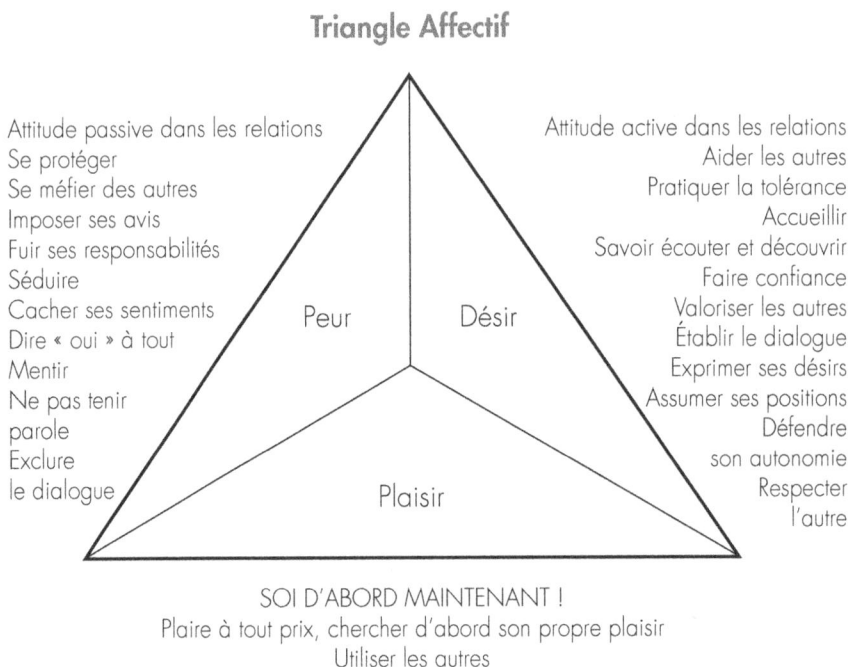

Triangle Affectif

Attitude passive dans les relations
Se protéger
Se méfier des autres
Imposer ses avis
Fuir ses responsabilités
Séduire
Cacher ses sentiments
Dire « oui » à tout
Mentir
Ne pas tenir
parole
Exclure
le dialogue

Attitude active dans les relations
Aider les autres
Pratiquer la tolérance
Accueillir
Savoir écouter et découvrir
Faire confiance
Valoriser les autres
Établir le dialogue
Exprimer ses désirs
Assumer ses positions
Défendre
son autonomie
Respecter
l'autre

Peur   Désir

Plaisir

SOI D'ABORD MAINTENANT !
Plaire à tout prix, chercher d'abord son propre plaisir
Utiliser les autres

Identifier un thème de vie à partir du triangle affectif

Daniel, 36 ans, professeur, rencontre des difficultés dans son rôle de parent car il ne veut pas mélanger les contextes, professionnels et privés. Il tient à préserver la qualité de ses relations affectives, et pour cela, il s'appuie sur quelques certitudes. Daniel confie : « Il me semble qu'un parent doit avant tout assumer ses responsabilités. Être disponible, écouter, aider les enfants, donner de la tendresse, et surtout ne pas céder à tous les caprices, c'est sûrement ça le plus difficile... Parfois, je suis tenté de céder pour être tranquille, mais je ne le fais pas car j'aurais l'impression de ne pas tenir mon rôle de parent. Aimer, c'est aussi prévoir et protéger, il ne faut pas confondre aimer et se faire plaisir. » Pour Daniel, aimer ses enfants, c'est aussi leur apprendre quelque chose... Il s'efforce de transmettre une certaine attitude, et de ne pas donner des conseils qu'il ne serait pas capable d'observer. Enfin, Daniel ne craint pas de se montrer sévère, car il estime que c'est plus rassurant pour les enfants de connaître les limites précises entre le permis et l'interdit. Toutefois, il ne veut pas que la sévérité l'emporte sur la capacité à dialoguer. La difficulté c'est alors de savoir si on discute ou si on négocie…

La confiance que ses filles lui témoignent est, pour Daniel, la preuve qu'il est aimé, et donc qu'il assume correctement son rôle de parent. Quand elles lui demandent un conseil, ou qu'elles parlent de leurs difficultés et de leurs joies, cela montre qu'elles se sentent à l'aise et ne craignent pas de s'exprimer.

Quand Daniel réfléchit sur sa vie affective, sur l'amitié et l'amour, il trouve deux critères très importants : le temps et la confiance. Il pense qu'une relation affective de qualité c'est d'abord une affaire de confiance, puis de durée. Le temps met l'amour et l'amitié à l'épreuve, les sentiments vrais doivent s'inscrire dans le long terme.

S'il approfondit sa réflexion, il découvre que ces deux éléments « temps » et « confiance » sont présents dans beaucoup d'autres contextes. Par exemple, quand il fait des projets, il doit d'abord se sentir confiant : envers les autres personnes impliquées autant qu'envers lui-même. Le projet doit s'inscrire dans la durée, Daniel fait preuve de patience et de ténacité. Ces qualités renforcent la confiance qui, à son tour, permet au projet de durer.

Les thèmes de vie de Daniel sont sous l'influence du désir car il sait faire abstraction des contrariétés de l'instant présent pour situer son action et ses choix dans une perspective à long terme. La peur n'est pas absente, Daniel redoute de faillir à son rôle, de se mettre en échec par rapport à ses exigences. Le plaisir est lié à la satisfaction et à la validation de ses efforts, au niveau de ses critères majeurs : temps et confiance.

Le triangle matériel

Le triangle matériel comprend les valeurs et les croyances ayant trait à des contextes pratiques et des enjeux concrets. Les valeurs attribuées à l'argent et au pouvoir qu'il confère sont les plus représentatives de la dimension matérielle. Dans un contexte socioculturel qui valorise le pouvoir de l'argent et associe naïvement le bonheur au confort matériel, on mesure toute l'influence de ces valeurs.

Bien que son importance varie selon les groupes d'appartenance, le pouvoir de l'argent influence fortement la plupart des gens, même s'ils prétendent le contraire. En France, étaler sa richesse ou exhiber sa réussite ne fait pas monter la cote d'amour, bien au contraire. L'exhibition des signes extérieurs de richesse est comprise comme une insulte au principe d'égalité, ce qui n'empêche pas les gens d'investir leur énergie pour accéder à la possession de richesses et à la position sociale qui en résulte. Pourtant, certaines « tribus » utilisent des codes faisant référence à l'argent : vêtements et accessoires portant la griffe d'un fabricant à la mode, objets tels que lecteurs de son numérique, téléphones portables et autres gadgets. Dans d'autres sociétés, on valorise la réussite individuelle dont on admire les signes extérieurs.

Les questions suivantes vont guider notre exploration :

- Quelle place joue l'argent dans nos représentations ?
- L'argent est-il un puissant levier de motivation ?
- L'argent est-il une source permanente de frustration ?

Nous cherchons à mettre en évidence la place psychologique de l'argent dans nos préoccupations et nos objectifs.

Enfin, on retiendra que l'argent est souvent utilisé comme une métaphore pour l'amour. Ainsi, on observe des conflits conjugaux ou familiaux en apparence liés à l'argent. Or, si l'on y regarde de plus près, on constate que les vrais problèmes ne sont pas des questions d'argent mais d'attention, d'affection, de disponibilité… Toutefois, porter le conflit sur ce terrain permet d'exprimer la difficulté en évitant d'aborder son contexte réel. Les couples qui se querellent à propos d'argent évitent ainsi de parler de leurs sentiments.

L'exploration de ces questions mettra aussi l'accent sur les représentations personnelles du pouvoir.

Lire et comprendre le triangle matériel

Les démarches utilisées pour le triangle affectif : « actif » ou « passif », contraintes de temps, équilibre entre soi et les autres, s'avèrent intéressantes à mettre en perspective en fonction du rôle joué par le désir, la peur ou le plaisir. Les pistes suivantes permettent de mieux cerner le triangle matériel.

Faire un cadeau, recevoir un cadeau

Si vous cherchez quel cadeau vous aimeriez offrir à quelqu'un que vous aimez, vous trouverez sans doute assez facilement une réponse. L'hésitation porte sur la nature du cadeau, et non sur l'idée d'offrir. Les réponses les plus fréquentes désignent un objet, ou du temps partagé (partir en week-end, en vacances, faire des activités de loisirs) et à partir de ces informations, vous pourrez comprendre le sens spécifique de votre choix.

Par exemple, on peut offrir un objet qu'on aimerait soi-même posséder, qui représente à nos yeux un signe d'appartenance valorisé, ou symbolise une complicité entre celui qui offre ou celui qui reçoit, ou encore qui répond à un cadeau reçu… S'il s'agit d'un objet, il a un certain prix, et cette information peut être le point de départ de l'exploration du triangle matériel. La taille du don, son poids financier, le moment où il est fait, le contexte dans lequel il prend place fourmille d'éléments intéressants à connaître. Même si, dit-on, la façon de donner vaut mieux que ce que l'on donne, la personne qui donne comme celle qui reçoit procède plus ou moins à une évaluation chiffrée : cela indique l'importance accordée à la valeur vénale du don. Pour certaines personnes, le fait de dépenser beaucoup pour un cadeau est une façon de prouver l'importance, l'attachement et la considération. « Quel cadeau aimeriez-vous faire à la personne que vous aimez ? » Quand la réponse à la question évoque du temps partagé nous pouvons aussi exploiter cette réponse comme point de départ d'une exploration du triangle matériel.

« Quel cadeau aimeriez-vous recevoir d'une personne que vous aimez ? » Les réponses à cette question illustrent les attentes, les contextes valorisés de la relation. Vouloir un gros dictionnaire, un bijou, un appareil ménager, ou du temps partagé n'est pas comparable… Ces souhaits traduisent généralement des projections : on voudrait recevoir ce qu'on aimerait offrir, et de la façon dont on aimerait l'offrir ! L'idée de faire une surprise n'est pas toujours bien reçue alors que pour d'autres, elle est essentielle. Enfin, nous connaissons tous des gens incapables d'offrir des cadeaux et qui invoquent une multitude de bonnes raisons pour justifier leur position. Ces cas demandent à être explorés car la dimension métaphorique du don est alors très influente : la personne croit plus ou moins consciemment que faire un cadeau serait une façon de « payer » la relation, ce qui rend cet acte impossible. Et pour terminer, il existe l'attitude opposée qui consiste à ne pas accepter de cadeaux, de crainte de se faire « acheter ».

Si vous gagniez une très importante somme d'argent, qu'est-ce que cela changerait ?

Cette question peut servir de point de départ à l'exploration du triangle matériel car elle met l'accent sur certaines attentes et objectifs d'utilisation de l'argent. Les réponses varient considérablement d'une personne à l'autre, elles reflètent les croyances très profondes à propos du sens de l'argent. Certains liens d'équivalence peuvent apparaître entre l'argent et le bonheur, la liberté, le confort, les soucis, les responsabilités…

Parce que ces réponses comprennent une part importante d'imaginaire, elles conduisent très rapidement à des représentations et des modèles mentaux. Les réponses apportées ne viennent pas de l'expérience personnelle, rarement de celle d'un proche, mais sortent tout droit des décors de son théâtre mental. Les seuls éléments issus du réel sont en rapport avec la situation actuelle, et son vécu.

Le schéma ci-après montre quelques indications permettant de comprendre l'organisation du triangle matériel.

Identifier un thème de vie à partir du triangle matériel

Je reçois Laure, 37 ans, commerçante. Elle se présente comme une « battante », qui entend obtenir tout ce qu'elle désire. Voici un extrait de notre entretien :

  – Laure, est-ce qu'il y a quelque chose dont vous ne supporteriez pas d'être privée ?

  – Il y a plein de choses. J'ai horreur de me priver. Je trouve que la vie est trop courte pour se priver. J'aime les sorties, les vacances,

Triangle Matériel

Attitude passive face
aux réalités matérielles
Incapacité à gérer
Avarice
Surprotection
Rapports de forces
S'imposer par l'argent

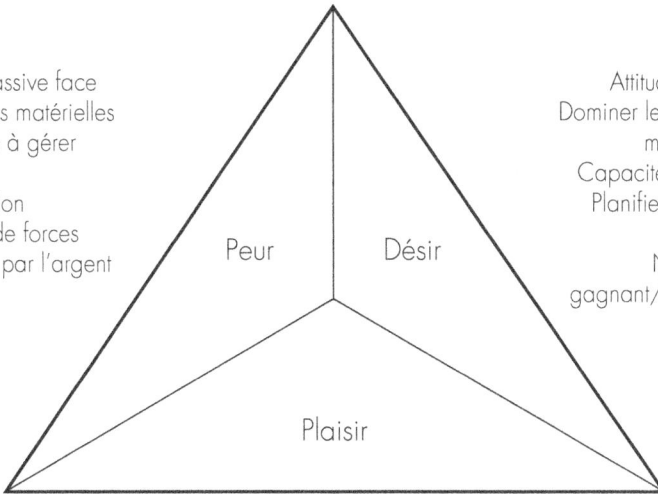

Attitude active
Dominer les réalités
matérielles
Capacité à gérer
Planifier, prévoir
Investir
Négocier
gagnant/gagnant

Peur   Désir

Plaisir

SOI D'ABORD
La logique d'achat et les attitudes de consommation
sont appliquées dans tous les contextes

les fringues. J'adore inviter des gens… La vie quoi… Je serais frustrée si je ne pouvais pas m'offrir tout cela.

— Vous arrive-t-il d'avoir envie de quelque chose et de ne pas l'obtenir ?

— C'est très rare, parce que quand je veux vraiment quelque chose, je m'arrange pour l'avoir. Je travaille dur s'il le faut, mais j'arrive à mon but. Je pourrais vous en donner des exemples, je me suis battue pour avoir ce que je possède aujourd'hui… Et j'ai réussi !

— C'est important pour vous ?

— C'est ce qu'il y a de plus important. Sans argent, on ne compte pas, on ne participe pas à la vie. On est impuissant. Moi, je n'envisage pas les choses autrement. Je travaille pour gagner de l'argent. Plus cela marche et plus je suis contente de moi.

— Avez-vous des objectifs en ce domaine ?

— Oui, je veux progresser. Je suis partie de rien ou presque, j'en ai beaucoup souffert. Je voyais les autres s'offrir ce qu'ils voulaient, mais moi, à ce moment-là, je ne pouvais qu'en rêver. Je me suis *révoltée contre cela. Aujourd'hui, je prends ma revanche, j'ai réussi, mais je sens que je peux encore aller plus loin. C'est un défi.*

— Est-ce une ligne de vie ?

— Oui, on parlait de devise tout à l'heure. La mienne pourrait être : « Relever le défi et gagner. »

Ce bref échange commence par explorer ce que Laure cherche à éviter. Ceci permet de créer le cadre de contraste et de mettre l'accent sur les préférences. L'aspect matériel apparaît immédiatement. En effet, la question « existe-t-il quelque chose dont vous ne supporteriez pas d'être privé ? » pourrait avoir des réponses dans d'autres contextes. Affection, amour dans le triangle affectif ; visibilité sociale dans le triangle social ; crédibilité, cohérence dans le triangle éthique.

Les préoccupations de Laure sont situées d'abord dans une logique de plaisir, mais, ensuite, elle montre qu'elle est prête à investir du temps et de l'énergie dans la quête d'un objectif.

Enfin, elle insiste très lourdement sur l'importance qu'elle accorde à l'argent et justifie ses choix par un départ dans la vie difficile, des souffrances liées au manque et un désir de revanche qui anime désormais son envie de relever des défis et de gagner. L'argent semble ici seul capable d'ouvrir toutes les portes : reconnaissance sociale, pouvoir, bonheur personnel.

Pourtant, on peut comprendre le thème de vie de Laure dans une dimension plus complexe : ce qu'elle cherche à fuir, c'est la peur de disparaître, de ne plus exister socialement. En effet, vouloir « relever des défis » et « gagner » s'inscrit dans une logique de combat. Or, l'état d'esprit qui mène au combat nécessite de l'agressivité, et se fonde sur la peur. Laure a tendance à se comparer aux autres et à évaluer ce qui lui manque pour se fixer des objectifs : des défis. Les thèmes de vie de Laure semblent animés en priorité par la peur (de manquer, d'être frustrée) et la recherche de plaisirs immédiats ou différés. L'image valorisée que Laure cherche à atteindre et à transmettre se limite ici à des aspects tangibles et matériels. On comprend que la réussite matérielle est survalorisée car elle tient lieu de clé d'accès vers tous les autres objectifs de vie. Laure est aussi dans la recherche du pouvoir, et le moyen le plus accessible, c'est encore le pouvoir matériel.

Mise en pratique du modèle

Le modèle des quatre triangles permet de mieux organiser l'attention et facilite la synthèse des informations. Dans les exemples ci-dessous, nous chercherons à identifier les croyances et les valeurs constantes quel que soit le contexte. Il ne s'agit pas d'un guide d'entretien : il serait en effet maladroit et peu efficace de chercher à explorer les uns après les autres les domaines éthique, social, affectif et matériel. Un thème de vie s'exprime dans chaque

Exemples

Philippe

Je rencontre Philippe dans le cadre d'un entretien. Jeune diplômé d'une grande école de commerce, il vient pour la seconde fois d'être licencié, et se pose des questions. Il n'a pas eu de réelles difficultés à trouver ses deux premiers emplois. Ceux-ci étaient parfaitement en accord avec sa formation. L'examen du CV, celui de la lettre, la présentation peuvent influencer très favorablement la première impression. Philippe se présente comme un jeune homme sérieux, dynamique, et plein de ressources. Or, sous cette avenante façade se dissimulent de grandes difficultés…

— Je viens vous voir sur les conseils d'un psychologue. J'ai des difficultés de communication et il paraît que vous pourriez m'aider…

Le ton de la voix me semble légèrement agressif.

— Expliquez-moi en quoi consistent vos difficultés.

— Je n'arrive pas à m'intégrer à un groupe. Je viens d'être licencié pour la seconde fois, c'est un échec professionnel. On m'a dit que c'était pour des raisons économiques, mais je sais que c'est faux. J'ai été licencié deux fois de suite parce que je n'ai pas réussi à m'intégrer.

Cette fois, Philippe s'exprime sur un ton plaintif, sa posture et sa gestuelle évoquent pourtant davantage de la colère.

— Et vous qu'en pensez-vous ?

— C'est vrai, je n'ai pas réussi à m'intégrer. Pas plus la deuxième fois que la première…

Cette certitude semble bien ancrée, l'accompagnement non verbal est en accord avec les mots. Je décide d'accepter la position de Philippe.

– Comment savez-vous que vous n'êtes pas arrivé à vous intégrer ?

– Mes collègues ne m'adressaient pas la parole, ou alors seulement quand ils ne pouvaient pas faire autrement. Je n'ai jamais été convié à faire partie de leur groupe en dehors du travail. Je sentais bien qu'ils ne voulaient pas avoir de contact avec moi.

– Avez-vous entrepris quelque chose pour essayer de vous intégrer ?

Philippe garde le silence. Il se cale au fond de son fauteuil, tourne la tête, refuse mon contact visuel.

– De toutes les façons, cela ne marche pas… On ne m'accepte pas. Je me sens différent des autres. Je ne sais pas me mettre à leur niveau. D'ailleurs, j'ai les mêmes problèmes dans d'autres situations.

– Par exemple ?

– Je fais du basket. Au club, les gens ne me disent pas bonjour. Ils ne me demandent jamais de rester prendre un pot avec eux après l'entraînement. Cela va encore plus loin, c'est arrivé qu'on m'empêche de jouer, même si j'étais bien placé pour marquer. Ils préfèrent perdre le point plutôt que ce soit moi qui marque !

– Avez-vous envie de vous intégrer à un groupe ?

– … Oui, il le faut bien !

Philippe hausse les épaules, excédé. Il soupire, puis il semble se rétrécir, il réduit son espace postural, fuit à nouveau mon regard et reprend d'une voix plaintive.

– Non. Je ne veux pas faire partie de ce groupe, je ne suis pas comme eux. Nous n'avons pas les mêmes valeurs, on ne peut pas se comprendre !

Je choisis d'explorer le triangle éthique :

– Qu'est-ce qui vous fait dire que vous n'avez pas les mêmes valeurs ?

– D'abord, je trouve qu'ils ne sont pas polis ! Moi, cela me gêne de passer devant quelqu'un que je connais sans le saluer, j'ai l'impression qu'ils font comme si je n'existais pas. Et puis, dans l'équipe, ce sont des gens qui ne cherchent pas à progresser, ils ne lisent pas, ou alors des trucs nuls. J'ai l'impression qu'ils ne pensent pas.

— Y a-t-il autre chose ?

— Oui sûrement, mais, moi, c'est cela qui me gêne. Je ne veux pas leur ressembler.

— Qu'est-ce que vous penseriez de vous ?

— Que je suis un « nul ».

— Si vous deviez vous définir, diriez-vous que vous essayez d'être tout le contraire d'un « nul » ?

— Je ne sais pas, mais en tout cas, j'ai souvent l'impression d'être entouré de nuls !

— Et d'être différent d'eux ?

— Complètement.

J'avais l'intuition que Philippe cultivait un sentiment de supériorité à l'égard des autres, et cela semble se confirmer. Je décide de provoquer :

— Le fait d'être différent des autres n'empêche pas de s'intégrer… Chaque être humain est différent des autres.

— Non, c'est faux ! Ils se ressemblent tous, et je sens bien qu'ils me rejettent ! Cette fois, il s'est exprimé avec véhémence.

Philippe m'explique alors qu'il attribue ses difficultés actuelles à son enfance. (Il aborde le triangle affectif sans que je cherche à l'y conduire). Issu d'un milieu ouvrier, il s'est senti mis à part à cause de sa réussite scolaire et universitaire. Il m'explique qu'il était toujours le premier de la classe, que seule sa mère l'approuvait et le soutenait contre son père qui aurait voulu qu'il devienne ouvrier comme lui. Il s'attarde sur ses relations tendues avec son père. Il tient des propos très violents à son égard. J'ai alors l'intuition que les thèmes de vie de Philippe sont essentiellement animés par la peur. Il n'envisage les relations avec les autres que dans le cadre du rapport de forces. Il ne s'accepte pas et, par son comportement, contraint les autres à ne pas l'accepter, ce qui renforce ses certitudes. Philippe veut avoir raison sur tous les sujets. Il parle de ses difficultés avec facilité et abondance, mais il n'est pas prêt à les surmonter. Il y trouve un avantage certain. Elles sont le signe de sa différence et lui permettent de continuer à s'opposer.

Je décide d'interrompre le processus et de vérifier mes intuitions.

— Je ne vous autorise pas à juger vos parents !

L'effet de surprise est important. J'insiste.

— Vous n'êtes pas qualifié pour cela car vous n'êtes pas parent vous-même !

Je suis consciente du fait que mon affirmation est de mauvaise foi. Beaucoup d'enfants jugent leurs parents et se sentent qualifiés pour cela en tant qu'enfants. Mon intervention va mettre Philippe en échec, mais d'une façon « douce » afin qu'il apprenne d'abord qu'il est parfois utile de se tromper, ensuite qu'il ne court aucun risque à le faire, dans le cadre sécurisé de notre entretien.

Philippe a lu beaucoup de livres traitant de psychologie ou de psychanalyse. Il a fait un amalgame rapide, s'est imaginé que j'allais l'écouter bouche bée et me repaître de ses difficultés filiales. En fait, Philippe n'a jamais appris à avoir des échecs. Son parcours scolaire et universitaire sans faute l'a conduit à se sentir supérieur aux autres. L'admiration que lui voue sa mère y est peut-être aussi pour quelque chose. Entrant dans le monde du travail, il s'attendait à connaître la même réussite. Or, dans ce contexte, il n'a pas été considéré comme il en avait l'habitude. Il a fini par construire une explication logique : ses difficultés d'intégration. Cette explication permet de maintenir la cohérence de ses thèmes de vie. Puisqu'il est supérieur aux autres, il doit forcément être rejeté et isolé. L'expérience sportive est identique. En entrant dans l'équipe, il n'est pas reconnu comme le meilleur, ce qu'il n'admet pas et gère ensuite grâce à la même stratégie.

Mon premier objectif est de lui faire comprendre que j'ai découvert son théâtre intérieur et que le spectacle à l'affiche ne m'intéresse pas. Mon second objectif est de l'amener à entrer dans une relation sans son bouclier habituel et de faire par lui-même l'expérience qu'il ne court aucun danger en acceptant ce cadre. Je reprends.

— Êtes-vous d'accord pour travailler à définir votre prochain objectif ?

— Oui, mais je ne sais pas par quoi commencer. En fait, je sais surtout ce que je ne veux pas.

Philippe s'est rapproché, sa voix est calme et posée. Il accepte mon contact visuel.

— Dans votre situation actuelle qu'est-ce que vous voulez changer en priorité ?

> – *Je ne peux pas rester inactif. Je dois retrouver du travail, c'est ma priorité.*
>
> – *Avez-vous déjà effectué des démarches en ce sens ?*
>
> – *Oui, j'ai un entretien la semaine prochaine. J'ai peur… On va me demander pourquoi j'ai perdu mes emplois précédents… Même si je ne parle pas de mes problèmes, on va s'en apercevoir.*

Le schéma habituel se remet en route ! Je le fais remarquer à Philippe et j'utilise une métaphore.

> – *Halte, vous entrez dans votre impasse.*
>
> – *Vous avez raison. En fait, je voudrais apprendre à m'en passer.*
>
> – *Je suis sûre que vous allez y arriver rapidement.*

À partir de là, nous avons entrepris un travail spécifique qui a donné des résultats satisfaisants.

J'ai revu Philippe trois mois plus tard. Il avait retrouvé un travail, très intéressant selon lui, avait laissé tomber le basket, s'était mis à la course à pied et préparait activement un marathon…

Synthèse

Au cours de cet entretien, seul le triangle matériel n'a pas été abordé ni exploré. Les difficultés de Philippe appartiennent aux triangles éthique, social et affectif. Elles ont probablement des répercussions sur le triangle matériel, mais ce dernier ne semble pas dominer le tableau. En fait, les thèmes de vie de Philippe sont apparus rapidement et très clairement dès les premiers instants de l'entretien : être différent, se sentir supérieur, exclu des groupes… Et s'opposer.

Il est intéressant de remarquer qu'au tout début de l'entretien, c'est-à-dire avant que Philippe commence à s'exprimer, l'impression globale est tout à fait favorable. Attitudes posturales, démarche, gestuelle, contact visuel, codes vestimentaires, tout concourt à influencer positivement. La lecture des documents fournis (CV, lettre) ne fait qu'accentuer cette impression. Pourtant, tout ce bel édifice s'effondre lorsque Philippe prend la parole et s'exprime à propos de ses difficultés.

Nous avons constaté rapidement que la stratégie existentielle dominante de Philippe est inscrite dans l'opposition. Si nous lui avions attribué une devise, elle aurait pu être quelque chose du genre : « Tous contre MOI » avec une importante augmentation du volume du « moi » ! Cette stratégie d'opposition se manifeste aussi dans l'attitude qui consiste à offrir une bonne image de soi, avant de la détruire par un comportement non cohérent vis-à-vis d'elle. Une telle stratégie crée une déstabilisation des points de repère de l'interlocuteur et cadre alors parfaitement dans la logique du rapport de forces.

Dès l'instant où les rapports de forces semblent constituer une règle constante pour toutes les situations relationnelles, nous pouvons nous attendre à rencontrer un thème de vie essentiellement animé par la peur. Pourtant, le pilotage du désir est réel, mais joue un second rôle. En effet, Philippe est conscient de ses difficultés et il désire sincèrement les surmonter. Cette motivation ne peut que s'inscrire dans un thème de vie animé par le désir.

Ces déductions nécessitent bien sûr d'être vérifiées dans différents contextes (les triangles éthique, social, affectif, matériel). À l'issue de cette exploration nous pouvons étayer réellement notre évaluation d'éléments précis et compatibles.

Il semble alors que la peur s'exprime surtout au niveau des triangles éthique et affectif (Philippe se sent seul contre le reste du monde), alors que le désir affecte davantage le triangle social (la réussite sociale qui prend le relais de la réussite scolaire est un important facteur de motivation).

Le désir d'aller vers un mieux-être, la qualité de l'attention portée aux autres doivent être des objectifs de réflexion et de travail sur soi pour que les thèmes de vie de Philippe puissent évoluer de manière à servir son accomplissement personnel.

Mireille

Mireille, cinquante ans, a accompli de très brillantes études scientifiques. Après un début de carrière prometteur, elle a pu faire valoir ses compétences, et a progressé dans la hiérarchie. Elle s'est vue confier, il y a une dizaine d'années un poste à responsabilité dans le cadre d'un service de recherche et de développement. Elle dirige une équipe de vingt-cinq personnes. Et c'est là que les choses se compliquent. Mireille en effet ne s'est jamais investie sérieusement dans autre chose que ses travaux qui ont toujours exigé d'elle le maximum. Tout naturellement, elle a agi de même avec les membres de son équipe. De la secrétaire au thésard, elle n'a épargné personne !

Mireille rencontre d'importantes difficultés professionnelles. Un audit réalisé dans l'établissement où elle travaille a mis l'accent sur un mauvais climat dans son service. Mireille est implicitement désignée comme responsable. La direction lui propose alors une promotion sous la forme d'un nouveau poste qu'elle considère comme un « placard ». Au téléphone, quand elle prend rendez-vous, Mireille me présente brièvement sa situation : elle se sent découragée et souhaite être aidée pour prendre une décision.

Lorsqu'elle se présente à mon cabinet, je vois une femme qui me fait irrésistiblement penser à une « force de la nature » : grande, solidement charpentée, la démarche assurée, les attitudes posturales occupant un vaste espace, la gestuelle descriptive. Les codes vestimentaires utilisés ne sont pas faits pour attirer l'attention. Elle est vêtue avec élégance et simplicité. La coiffure « ne cadre pas ». Ses cheveux longs et frisés occupent un volume imposant et attirent le regard par leur couleur de feu.

> *— Je ne sais pas quoi faire, je suis tentée de démissionner. Je me sens épuisée… Cela ne date pas d'aujourd'hui, je sens que je dois faire autre chose, changer, mais je ne sais pas quelle décision je dois prendre, c'est pour cela que je suis ici…*

Le comportement est en accord avec le discours. Mireille qui semblait si forte et sûre d'elle l'instant d'avant, semble maintenant en proie à une grande hésitation. Le ton de la voix est neutre, sans relief, les attitudes posturales repliées dans un espace restreint…

> *— Y a-t-il une autre possibilité ?*
>
> *— Je pourrais bien sûr accepter le poste…*
>
> *— Mais ?*
>
> *— Cela voudrait dire que j'accepte d'être vaincue, ce serait une défaite.*
>
> *— Et…*
>
> *— Je ne vais tout de même pas me laisser faire ! J'ai monté ce service pratiquement seule, j'ai travaillé dur pendant dix ans. Vous*

ne pouvez pas savoir… En fait, il y a trois ans, nous avons accueilli un jeune, au parcours scientifique solide. Il faisait du très bon travail. Je l'ai encouragé autant que j'ai pu. J'ai fait confiance… Je pense aujourd'hui que j'ai eu tort. Il n'a jamais eu qu'une idée en tête : prendre ma place…

Mireille raconte alors qu'elle pense être victime d'un complot visant à l'éloigner de son service. Avec toute la rigueur scientifique qu'on peut imaginer, elle explique les détails qui l'ont incitée à se forger cette certitude. Les explications sont logiques, l'édifice semble bien construit, trop bien même.

    — *Si vous aviez dû choisir un collaborateur appelé à vous succéder dans ce poste, auriez-vous choisi ce jeune homme ?*

    — *Sans aucun doute, mais il n'a pas joué le jeu !*

Cette réponse est formulée sur un ton amer à la limite de la colère, cela m'incite à penser que les valeurs éthiques de Mireille ont été bouleversées. Je choisis d'explorer…

    — *Quel jeu ?*

    — *Et bien, il n'a pas encore l'expérience suffisante. Il lui manque de la pratique. À mon avis, il n'est pas prêt. Quand on a commencé à travailler ensemble, j'ai été très heureuse. Je voulais qu'il progresse pour lui passer le relais. C'est vrai que je n'envisage pas de rester dans ce poste, je suis épuisée, et j'ai besoin de faire autre chose. Mais, je ne peux pas accepter la façon dont cela se passe. J'ai l'impression qu'il a tout manigancé depuis longtemps.*

Mireille va repartir sur son cheval de bataille… J'interromps le processus pour faire une parenthèse destinée à lui montrer l'organisation de ses réponses.

    — *Observons un instant ensemble comment vous organisez les choses. Je vous pose une question, vous y répondez, puis vous prenez appui sur votre réponse pour revenir à votre hypothèse de complot… Mireille m'interrompt, visiblement irritée.*

    — *Vous ne me croyez pas !*

    — *Je suis certaine que vous avez toutes les raisons de penser ce que vous dites et je ne mets pas en cause votre sincérité. Pour l'instant, je souhaite qu'on examine ensemble les différentes possibilités qui s'offrent à vous, êtes-vous d'accord sur cet objectif ?*

124

— *Oui, tout à fait. Je crois honnêtement que je serais contente d'accepter le poste qu'on me propose si les choses se passaient autrement. J'ai l'impression qu'on me chasse en disant « place aux jeunes ! ». Je me sens dévalorisée, rejetée.*

Un enjeu existentiel est visiblement en cause dans cette réponse. Je reprends.

— *Quand vous avez pris la responsabilité du poste que vous occupez aujourd'hui, comment cela s'est-il passé ?*

— *Par surprise ! Je travaillais dans un autre département avec un chef de service. Je ne me posais pas de questions sur l'évolution de ma carrière parce que je faisais des travaux intéressants et que c'était le principal ! Un jour, il m'a demandé de venir dans son bureau et il m'a parlé de cette possibilité. Puis la direction me l'a officiellement proposé et j'ai accepté.*

— *Vous vous attendiez à la même démarche aujourd'hui ?*

— *Oui, c'était à moi de dialoguer avec la direction et avec mon collègue.*

Cette réponse m'incite à vérifier si Mireille se sent frustrée de son rôle de « chef »…

— *L'initiative aurait-elle pu venir de la direction ?*

— *En général, cela ne se passe pas ainsi. Je suis sur le terrain tous les jours, et en tant que responsable, j'ai mon mot à dire sur ce genre de choses. Bien sûr, rien ne se fait sans l'accord de la direction, mais c'est à moi de proposer et pas à mon subordonné de s'imposer… Comprenez-moi bien, j'ai été nommée responsable d'après mes compétences, je n'ai pas manœuvré pour obtenir ce poste, d'ailleurs, je ne m'y attendais pas quand on me l'a proposé. J'ai acquis une expérience qui me permet aujourd'hui de savoir qui je dois choisir pour me seconder ou me remplacer ! J'ai l'impression qu'on me remet en cause, au niveau de mes compétences, c'est cela que je n'accepte pas. Je pense que j'ai fait des erreurs avec le personnel. Je ne suis pas diplomate, je dis ce que j'ai à dire. Mais, je suis sûre d'avoir fait mon métier avec rigueur, c'est quand même cela qui compte…*

À partir de cette réponse, il devient clair que les problèmes de Mireille surgissent d'abord au niveau du triangle éthique puis s'expriment ensuite par les difficultés situées dans le triangle social.

> *Nous poursuivons en comparant les différentes possibilités de choix qui s'offrent à Mireille. Il lui est nécessaire de prendre du recul par rapport à son expérience, et il semble urgent de ne pas hâter la prise de décision officielle. Toutefois, j'ai l'intuition que celle-ci est déjà prise et que les réflexions de Mireille ne servent qu'à trouver de nouveaux arguments pour la justifier. Elle le confirme en ajoutant :*
>
> > *— Vous savez, je suis contente en fin de compte, peut-être que je n'aurais pas eu le courage de passer la main. Je vais enfin pouvoir prendre un peu de temps pour moi… Et j'ai des projets plein la tête…*

Synthèse

Au cours de cet entretien, les triangles éthique et social ont été directement impliqués dans les difficultés de Mireille. Les valeurs mises à mal dans la situation n'ont pas été nommées mais largement décrites. Elles affectent essentiellement la représentation du « chef ».

Pour Mireille, un chef est celui qui a fait ses preuves par son travail et ses compétences et a été reconnu par ses pairs et ses supérieurs. Elle a une notion bien précise de la hiérarchie et s'est toujours organisée de manière à en observer les principes. La difficulté de Mireille tient beaucoup plus à la forme qu'au contenu. Elle s'est depuis toujours investie totalement dans son travail, c'est le contexte le plus valorisé de sa vie, mais aussi le plus vulnérable. Elle s'est construit une représentation de soi presque complètement inscrite dans sa dimension éthique et sociale. Les problèmes de passation de pouvoir l'atteignent cruellement. Quand j'ai demandé à Mireille d'imaginer une devise, elle a suggéré : « Accomplir sa mission et faire chaque jour les preuves de sa compétence. » Cette devise rend compte en effet de l'exigence éthique de Mireille et de sa traduction dans les actes au quotidien. Toutefois, Mireille traverse une période critique de sa vie : la cinquantaine. Elle se sent fatiguée, animée du désir de changer d'activité, de trouver un nouveau souffle. Le fait de se trouver ainsi mise au pied du mur vient sans doute tout à fait à propos. Seule la façon dont cela s'organise (sans elle) pose un réel problème.

Il pourrait être intéressant, dans une autre perspective, d'explorer comment Mireille a forgé l'idée d'un complot dont elle est victime.

Toutefois, dans le cadre de sa demande, cette exploration n'était pas pertinente. En conclusion, on peut dire que la difficulté a pour cadre de référence le triangle éthique, pour champ d'expression le triangle social, et enfin qu'elle se situe essentiellement au niveau de la forme et non du contenu. Les thèmes de vie de Mireille sont animés par le désir de correspondre à une image exigeante, idéalisée. Le pouvoir du chef doit s'appuyer sur ses compétences, réussir par d'autres moyens à occuper le premier rang lui semble inadmissible. Mireille voudrait pouvoir tout contrôler car elle estime que sa compétence l'y autorise. Ce thème de vie heurte de plein fouet les réalités hiérarchiques et relationnelles.

CHAPITRE 6

À l'affiche

Les courants de pensée, les modes, la politique, l'actualité forment un paysage dans lequel prennent place les logiques individuelles. Les valeurs et les repères de chacun s'enracinent dans l'environnement social dont la compréhension conduit vers une meilleure lisibilité des choix individuels. Pour mettre en perspective les thèmes de vie par rapport aux données sociales, nous faisons référence aux travaux de Bernard Cathelat[1].

Les styles de vie et les socio-styles que définit Bernard Cathelat se donnent pour but d'observer les comportements, les choix individuels, et les valeurs en vogue afin de cerner les contours mouvants d'une société en évolution constante.

Les modèles de Bernard Cathelat sont devenus incontournables dans de nombreux domaines : études de marché, enquête de climat, comportements de consommation et prospective. Ils proposent une version métaphorique et très imagée de froides données statistiques. Ainsi, des personnages virtuels ont-ils été construits, comme « le bobo » – « bourgeois bohème » – l'un des plus connus, en boulever-

---

1. Docteur en psychologie sociale, Bernard Cathelat dirige depuis plus de vingt-cinq ans le CCA (Centre de communication avancée). Il étudie les comportements sociaux et en décrit les tendances dans son concept métaphorique des « socio-styles de vie ». *Cf.* bibliographie.

sant des catégories statistiques telles que « cadre », « ménagère de moins de cinquante ans ». Les socio-styles, c'est un peu comme l'horoscope, tout le monde le consulte, mais se défend de le faire, non sans hypocrisie !

La puissance descriptive des sociostyles de Bernard Cathelat offre un cadre pratique pour l'étude des thèmes de vie. À chaque tendance correspondent des valeurs, des comportements typiques, des croyances et des thèmes de vie.

Dans l'air du temps

Pessimisme global, inquiétude face à l'illisibilité d'un monde dangereux

En France, comme dans les pays industrialisés, après de longues années de morosité, et de crise, les Trente Piteuses[1] succèdent aux Trente Glorieuses. On observe pourtant une relative embellie de très courte durée au cours des années 1999-2000 ; les promesses de développement de la nouvelle économie grâce à l'Internet ont rapidement montré leurs limites. Seules les structures déjà fortement ancrées dans le tissu économique ont su profiter de l'« e-business ». Du jour au lendemain, les « start-up » à la progression fulgurante se retrouvaient, telle Cendrillon désenchantée, face aux pitoyables restes de sa gloire éphémère.

Les attentats du 11 septembre 2001 visaient les symboles de la puissance américaine : économie, finances, politique. Ils mirent en exergue les pieds d'argile du colosse US, qui, s'il imposait sa toute-puissance sur le reste du monde, n'avait pas su, se croyant invulnérable, protéger sa propre demeure.

---

1. Nicolas Baverez, *Les Trente Piteuses*, Flammarion, 1999. L'auteur conteste le caractère inéluctable de la crise et se fait l'écho de tendances volontaristes qui permettraient de redresser la barre. L'expression « Trente Glorieuses » fait référence aux années de redressement économique ayant suivi la fin de la Seconde Guerre mondiale.

La récupération médiatique allait prendre le relais, propageant à l'échelle planétaire l'anxiété, la perte des repères, les attentes sécuritaires et l'effondrement de la crédibilité du politique. L'ineffica-cité des pouvoirs en place, la complexité des enjeux géopolitiques, l'avènement d'une société jungle régie par la violence et la loi du plus fort ancrent solidement dans les mentalités l'idée d'un monde chaotique, illisible, ingérable.

La circulation d'une information télévisuelle fortement stéréotypée répand les représentations de ce paysage politico-social. La télévision constitue l'unique fenêtre sur un monde dont seuls les aspects les plus dangereux et les plus niais sont servis aux masses. L'isolement, la solitude et l'exclusion viennent renforcer un pessimisme social largement admis dans tous les milieux sociaux.

Ce pessimisme social entraîne des comportements de fort repli sur soi, des logiques de fuite, de rupture, de valorisation extrême de l'instant présent, du plaisir facile et immédiat. Ces comportements se présentent comme des compensations nécessaires face à un monde devenu trop dur auquel ils prétendent échapper par des attitudes autodestructrices, voire suicidaires.

Recherche de valeurs sûres

Dans ce contexte, on ne sera donc pas surpris de rencontrer des groupes cherchant à se rassurer en se centrant sur des valeurs sûres. L'idée de progrès hante les mentalités depuis le siècle des Lumières. Elle s'est fondée sur les découvertes de la science et les nouveautés techniques supposées apporter plus de confort, de bien-être, mais aussi de rapidité, et de rentabilité. Pourtant, peu à peu, cette science toute-puissante a montré que ses applications pouvaient être détournées à des fins de destruction. Les armes nucléaires en sont un exemple caractéristique, mais la science peut aussi engendrer d'autres menaces. D'une source d'espoir, la science se transforme en une source d'anxiété face à des applications mal maîtrisées. La réalité a souvent dépassé la science-fiction : accidents nucléaires, pollutions, dérives génétiques, nouvelles maladies. Aujourd'hui, peu de gens croient que la science sera capable de résoudre leurs problèmes. Selon Bernard Cathelat, on ne compterait que 4,5 % d'optimistes.

De nombreux motifs d'enthousiasme se sont ainsi dégradés, et on assiste, dans certains groupes, à l'émergence d'attitudes passéistes. Il n'est pas rare d'observer en effet des gens qui s'opposent à l'usage des technologies actuelles au nom d'un retour vers des valeurs jugées plus sûres. Le mythe des machines qui prennent le pouvoir sur l'homme n'est plus réservé à la science-fiction, mais envahit les mentalités. De là à conclure qu'il faille se protéger du progrès, il n'y a qu'un pas, allégrement franchi par plus d'un.

Ces idées s'actualisent dans des thèmes de vie animés par la peur : peur du monde extérieur, peur de l'avenir, peur des autres, peur de disparaître, de perdre son identité. On cherche à se rassurer en se groupant autour de sa famille, de sa tribu, et surtout en se plaçant au centre de ses préoccupations. Bernard Cathelat[1] utilise le terme « auto-connexion » pour définir ces attitudes. « Être heureux aujourd'hui, c'est être en harmonie avec soi-même, être équilibré, « cool », convivial : une conception assez « zen ». L'auto-connexion s'exprime également par une tendance à se « déconnecter » du social, à s'y impliquer un minimum pour ne pas être marginalisé. S'il y a investissement d'énergie, c'est dans la vie privée : dans la « niche » familiale. Ensemble, on constitue une entité solidaire qui fait face au monde extérieur. L'auto-connexion n'est pas vraiment synonyme d'altruisme, du moins pas de solidarité universelle. Elle va plutôt de pair avec un certain « chacun pour soi ». Le meilleur recours : soi-même. « La force est en toi ! »

Répression et pensée unique

Animés par les mêmes convictions, certains de pouvoir « faire quelque chose », d'aucuns réagissent, et leur crainte du monde extérieur s'équilibre avec le projet d'un monde meilleur, dominé par une autorité forte, capable de vaincre le chaos en imposant des règles strictes. Les intégrismes les plus divers s'enracinent dans de telles mentalités. Il s'agit de désigner clairement les coupables, de se rassembler autour d'une parole incontestable, et de quelques règles simples. Ces logiques répressives et simplistes excluent le doute et chassent ainsi la

---

1. Extrait d'un entretien conduit par Jacqueline Rémy, *L'Express*, 2000.

peur. Le partisan, l'adepte, le disciple voire le sectateur ne se pose pas de questions inutiles – le bien et le mal sont clairement identifiés –, il connaît et respecte des codes de conduite. En échange, il est reconnu comme membre d'une communauté, il choisit son camp qui le protège et le guide…

À des degrés divers, on observe une éclosion de conformismes. Le contrôle social s'exerce et tend à exclure, réprimer, contraindre. Pourtant, les décalages ne manquent pas. En effet, si la valeur préférée des Français est le « respect » – selon les chiffres du CCA, 71 %, des personnes interrogées font figurer le respect dans leur hit-parade personnel du bonheur –, l'anticonformisme, l'élitisme, l'interdiction sont rejetés et soupçonnés d'engendrer clivages et chaos.

Il reste que, face à la complexité ambiante, les gens ont tendance à privilégier des positions plus rassurantes, plus simples, évitant la « prise de tête ». Le vieux mythe égalitaire est remis au goût du jour dans une société qui craint de se retrouver à l'état de jungle. Ceci explique en partie la vogue des démarches de solidarité, d'actions caritatives et alter-mondialistes, qui toutes désignent des coupables et définissent un ensemble de principes simples à appliquer, excluent réflexion et originalité, en échange de reconnaissance. Le but ultime de ces démarches évoque une société pacifiée, régie par des lois sévères, au nom de valeurs humanistes. En suivant cette voie, le meilleur des mondes n'est pas loin.

Au niveau des thèmes de vie, ces tendances s'expriment par des comportements volontaristes et moralisateurs, des représentations du monde limitées aux frontières d'une « bien-pensance », variable selon l'intégrisme qui l'inspire.

Volonté de contrôle

C'est en exerçant un pouvoir qu'on a le sentiment d'exister. Face au pessimisme global, une adaptation possible consiste à s'engager dans des actions concrètes. On est loin toutefois des militantismes traditionnels. On travaille son image, on se réapproprie son corps qu'on modèle en fonction des critères en vogue. L'engouement général pour la santé ne donne pas de signe d'essoufflement, bien au contraire, mais on observe certaines évolutions. Des questions comme l'obésité ou la « malbouffe » deviennent préoccupantes voire obsessionnelles pour certains. Si l'alimentation joue un rôle important dans l'équilibre vital, certains lui attribuent un rôle excessif. On parle aujourd'hui d'orthorexie pour qualifier le comportement de ceux qui, obsédés par leur alimentation, adoptent des comportements phobiques. On assiste à l'avènement des aliments neutraceutiques (avec des propriétés pharmaceutiques). Dans les années 1980, on pouvait parler d'une mode. Aujourd'hui, l'obsession pour la santé est passée dans les mœurs et offre un marché des plus lucratifs.

Des valeurs comme la « vitalité[1] », la « forme » occupent le devant de la scène[2].

La vitalité traduit le besoin de se ressourcer et de reconstruire son potentiel vital par des actions personnelles. Selon Cathelat[3], « La vitalité n'est pas seulement la santé, définie comme absence de maladie, c'est une forme de potentiel à la fois physiologique et psychologique, un rayonnement interne, associant force mentale, dynamisme entreprenant, charme, beauté et séduction. » La vitalité, c'est aussi une des illustrations de la valeur-clé : le respect. Ici, elle participe du respect de soi ; entretenir sa vitalité est une mission de l'humain : protéger et prolonger sa vie. À l'extrême, cela devient du mysticisme. La vitalité de l'esprit est aussi concernée : la pratique de la méditation, du yoga, la mode du mot « zen » utilisé à toutes les sauces illustre cet état d'esprit. À cela s'associe un véritable culte pour la « nature », symbole maternel, de sagesse, de stabilité de pérennité. Les produits « naturels » sont plus moralement corrects que les autres. On pourra lire ces tendances comme autant de stratagèmes pour se rassurer et réduire la représentation du monde à des dimensions plus faciles à gérer.

---

1. L'idée de « vitalité » est en rapport avec le mouvement dit du « vitalisme », doctrine métaphysique considérant que la vie n'a pas d'autre explication qu'elle-même. Le chef de file de ce mouvement est Georges Canguilhem : *Aspects du vitalisme, la connaissance de la vie*, Hachette, 1952. La vitalité désigne, aujourd'hui, un état de santé particulièrement actif et positif associé à la « forme » et au bien-être.
2. Claude Boiocchi, *Équilibre et vitalité*, Éditions Carnot, 2003, *op. cit.*
3. Dans un entretien avec Isabelle Taubes pour la revue *Psychologie*.

Les thèmes de vie réactifs

En réponse à la peur d'une société « jungle » dominée par la violence, par la loi du plus fort, les égoïsmes et les clans, se développent des thèmes de vie réactifs. On observe un éclatement des pouvoirs qui aboutit à l'impossibilité de relier sérieusement une cause à un effet. Il y a toujours un autre enjeu, d'autres facteurs impliqués. La complexité s'accroît, le monde devient de plus en plus difficile à comprendre et à se représenter globalement.

C'est l'effet dit du « papillon », bien connu des météorologues : le battement d'aile d'un papillon à Pékin, entraîne une tempête à l'autre bout du monde par l'enchaînement successif de phénomènes provoqués par un léger changement des conditions initiales. Toute observation doit donc tenir compte de la complexité de son contexte, de la présence et de l'influence de l'observateur. Pourtant, si on considère la complexité avec l'idée que le monde devrait fonctionner comme une belle mécanique précise, ordonnée par des lois immuables et accessibles, on ne comprend plus rien et on aboutit à l'idée de chaos[1]. En grec ancien, le mot « chaos » signifie « gouffre ». Aujourd'hui, il désigne des faits imprévisibles, ingérables, pouvant atteindre des dimensions cataclysmiques.

Si les scientifiques tiennent compte de la complexité afin de modéliser avec plus de précision les phénomènes qu'ils observent, au niveau des mentalités et de la psychologie individuelle on est loin de considérer la complexité et le chaos d'un point de vue positif. Tout au contraire. Le chaos, qui entraîne l'impossibilité de comprendre globalement un état de la société, crée des sentiments de frustration et d'impuissance qui se manifestent dans deux types d'adaptation réactifs : l'évasion et le conservatisme.

---

1. Trinh Xuan Thuan, *Le Chaos et l'harmonie,* Gallimard, 1998 – pour une mise en perspective historique et philosophiques des connaissances scientifiques ; Ian Stewart, *Dieu joue-t-il aux dés ?* Flammarion, 1992 – la notion de complexité dans la pensée scientifique.

Fugues et évasions : la dictature de l'instant présent

« Profiter de la vie »

Face à un monde qu'on ne comprend ni ne maîtrise, on cherche à s'évader du quotidien, à oublier ses frustrations, à obtenir des gratifications rapides et intenses.

> *Arnaud, 39 ans, célibataire, est agent commercial. Il effectue de fréquents voyages pour son travail. Son salaire est important. Arnaud est plutôt satisfait de sa vie professionnelle. Il profite de la vie. Il aime sortir, faire la fête avec ses copains. Il est un peu « casse-cou », apprécie les sports de glisse et le parapente. Ce qui lui pose problème ce sont ses relations sentimentales.*
>
> *Sabine, sa compagne depuis cinq ans, vient de le quitter. Il essaie de se rassurer et d'évacuer son sentiment d'échec en évoquant leur style de vie « cool », « sympa ». Cependant, il en vient rapidement à parler de ce qui les oppose. Sabine voulait un enfant. Lui, n'en voulait pas : « Je ne me sens sûr de rien. Aujourd'hui, je pourrais me faire virer. C'est tellement compliqué, on est dépendant de choses qu'on ne maîtrise pas. Un enchaînement de calamités, et c'est la clé sous la porte… »*
>
> *Ils ont, tous les deux, une bonne situation, mais cela ne lui semble pas suffisant pour avoir confiance en l'avenir, et cela exclut le projet parental. « Je ne me sens pas prêt. Je suis content comme ça : mon boulot, une vie plutôt cool, les copains, les copines, la fête… Il faut profiter de la vie tout de suite, pas se créer des soucis… Un enfant c'est trop de responsabilités. »*
>
> *Son amie parle de « construire » des choses, ou de « maîtriser » son destin, mais pour Arnaud, cela ne veut rien dire, ou plutôt, cela le renvoie à des parcours de vie qu'il rejette. Il concentre son énergie sur des objectifs dont le résultat est immédiat : « Moi, ma position, c'est qu'il ne faut rien attendre des autres, prendre la vie comme elle vient et profiter au maximum. Moi j'ai besoin de m'évader, je suis heureux parce que j'ai les moyens de m'évader… »*
>
> *Il ajoute : « Moi je travaille parce que c'est un moyen de m'offrir ce qui me fait envie, ce n'est pas une vocation, je ne suis pas un idéaliste, moi. Sabine, ce n'est pas la première qui me joue ce scénario, la course à l'enfant… Quand je vois comment cela finit chez les autres ! L'enfant est à peine arrivé qu'on se sépare, et les galères ensuite… »*

Arnaud organise sa vie selon les thèmes suivants : « Je compte sur moi », « Je profite au maximum de vie », « la seule chose réelle, c'est l'instant présent ». Au nom de son « réalisme » et de son sens des responsabilités, il limite son théâtre mental à des éléments qu'il estime pouvoir contrôler en ne comptant que sur ses propres ressources. Le thème de vie d'Arnaud présente ceci d'intéressant qu'il est basé sur la peur pour la vie privée et sur le désir pour la vie professionnelle.

« Tout pour mon rêve »

Morgane, 22 ans, est caissière au supermarché d'une petite ville de province. C'est une jeune femme timide, peu souriante, au teint pâle. Elle se tient un peu voûtée, se concentre sur sa tâche. Toute sa physionomie reflète l'ennui. À la pause, une collègue de travail l'interpelle :

— On fait une petite fête samedi, c'est l'anniversaire de mon ami, tu viens avec nous ?

— Je te remercie, c'est sympa, mais… Non je suis désolée, je suis déjà invitée…

— Oh, je vois… Rétorque la collègue avec un sourire entendu et un clin d'œil…

Morgane ne répond pas. En effet, elle a bien un rendez-vous important, mais ce n'est pas du tout ce qu'imagine sa collègue. Depuis déjà plusieurs années, Morgane ne vit que pour son rêve : devenir une « Miss », remporter des concours de beauté. Sur le plan local, c'est déjà fait. Elle vise plus haut à présent : le plan départemental, régional, et pourquoi pas national… ? Morgane investit toute son énergie dans ce projet. Tout est calculé : la gym quotidienne, le régime, les services d'une esthéticienne pour apprendre à se maquiller, la coiffure, des cours de danse pour savoir se présenter avec élégance. Tout ce qu'elle peut prélever sur son maigre salaire est aussitôt investi dans son projet… Alors Morgane ne sort pas, évite toutes les occasions de dépenses « inutiles », ainsi que les entorses à son régime, et elle répète en secret pour le grand jour…

Le cas de Morgane illustre une forme de repli sur soi, de rétrécissement du réel à des limites contrôlables. Les thèmes de vie de Morgane s'organisent autour de son rêve. Elle y croit tellement que cela transforme complètement sa perception de la vie et hiérarchise ses valeurs. Le rêve de Morgane est aussi une sorte de « revanche » sur une vie monotone et sans joie. Il lui permet de s'en évader, et de mieux supporter la banalité du quotidien. Le point commun avec le cas d'Arnaud, c'est l'aspect « centré sur soi ». Morgane ne compte que sur ses propres ressources pour atteindre son but. Elle s'impose donc une discipline très contraignante et oriente toutes ses décisions vers l'accomplissement de son rêve.

« Moi d'abord »

Sonia, 32 ans, travaille dans une agence de voyages. Pour Sonia, l'important, c'est de s'affirmer. Elle est prête à en assumer les conséquences. Elle vit depuis trois ans avec une amie et ne cache pas son homosexualité. Sonia parle volontiers de son vécu, de ses difficultés, de ses buts. Elle fait partie d'une association et témoigne de ses choix dans un forum sur l'Internet : « Je suis comme je suis, il faut l'accepter. Je veux vivre ma différence au grand jour, et tant pis si ça fâche. D'ailleurs, en y réfléchissant, je pense que c'est un faux problème. Les gens qui m'apprécient vraiment, je veux dire qui éprouvent un sentiment vrai pour moi, cela ne les dérange pas que je sois lesbienne. Moi, je veux être moi-même, je ne veux pas composer. Je ne triche pas, je n'ai qu'une vie, ce n'est pas pour me compliquer les choses. J'ai mon style de vie, je suis cool, mais il y a des limites. Je sais ce que je veux, je sais où je vais : je m'habille comme j'en ai envie, je fais ce qui me plaît, je sors avec qui je veux… Ceux à qui ça ne plaît pas, je les ignore. Pendant des années, j'ai rompu les relations avec ma famille. J'ai fait mon coming out[1] et c'est ça qui a tout fait basculer. Si j'étais restée dans le secret, ça aurait pu passer, mais il n'en était pas question, je devais m'affirmer. Puis, mes parents sont revenus vers moi, ils n'ont peut-être pas compris, mais aujourd'hui, ça va. Ils me reçoivent avec mon amie et ne font pas de commentaires. Je ne fais pas les choses pour plaire, mais juste pour être en accord

---

1. Faire son *coming out* est l'expression utilisée pour désigner le moment où la personne se révèle comme « gay ». Les canadiens francophones disent aussi d'une façon plus imagée « sortir du placard ».

> avec moi-même. Avec mon amie, on est complètement en accord, on
> est bien ensemble, on partage, elle me comprend, je la comprends.
> Notre bonheur, c'est une vraie valeur. Mais on ne fait pas de conces-
> sions, ça ne sert à rien… Chassez le naturel, comme on dit. »

Sonia vit dans une logique centrée sur soi, ses préoccupations, ses envies, ses aspirations. Elle évalue les situations en fonction de ses propres critères. Sa façon de présenter son expérience privilégie le « je », et le « moi ». Elle intègre son amie dans cette bulle égocentrique. Les thèmes de vie de Sonia partagent avec les précédents une manière de réduire la réalité à des dimensions qui lui permettent de s'y inscrire en tant qu'actrice et non de la subir. Sonia met l'accent sur l'importance du « soi » en tant que référence. Il y a un certain degré de provocation : elle considère que ce sont les autres qui doivent l'accepter avec sa différence et non à elle de faire des efforts d'intégration. Les thèmes de vie de Sonia peuvent aussi s'exprimer dans l'adhésion à un groupe. Toutefois, elle n'en est pas encore là. Pour l'instant, elle s'occupe surtout de protéger son style de vie et de revendiquer son droit à la différence. On pourra relever que le thème de vie de Sonia est animé par la peur de disparaître qui s'exprime dans la valorisation de sa différence, revendiquée, voire imposée…

Protéger ses croyances

Pour s'adapter à l'air du temps, on peut aussi se replier sur des valeurs et des croyances traditionnelles. Des comportements anachroniques, passéistes, viennent alors illustrer ces parcours fondamentalistes : on exhibe des signes extérieurs de croyance, on se réfère à des « lois » (loi de la nature, loi divine, loi du plus fort, lois du marché), ou à des « paroles » sacrées aux vertus magiques. Les valeurs traditionnelles ne sont pas soumises à la critique, n'ont pas à faire la preuve de leur efficacité, et leur principal avantage est de réduire la représentation du monde, et l'espace où s'exercent les choix individuels. Dans un tel contexte, le doute n'a pas sa place, et cela permet de conjurer la peur du monde extérieur.

Le bien et le mal sont identifiés, voire personnifiés : on pourra ainsi désigner les coupables, les ennemis, les modèles à ne pas suivre. De

nombreux interdits bornent les champs d'action individuels. Ils permettent de s'orienter sans trop réfléchir à travers la jungle du monde
extérieur. Il faut comprendre que les stratégies d'adaptation réactives
au climat social sont d'abord destinées à protéger. Le repli sur soi
favorise la construction de croyances réductrices permettant une
interaction minimale avec le monde extérieur.

« Vive les valeurs sûres ! »

*Marine, infirmière, et Christophe, cadre administratif, ont fait le choix,
il y a déjà quelques années, de quitter la grande ville où ils tra-
vaillaient pour venir s'installer à la campagne et élever leurs trois
enfants loin de l'atmosphère urbaine jugée dangereuse. Les difficultés
n'ont pas manqué. Une certaine méfiance des habitants face aux
« parisiens » considérés comme des « étrangers », un changement
de rythme, de statut social, de pouvoir d'achat... Ils font aujourd'hui
un bilan mitigé, Christophe justifie leur choix par la détérioration de
leur qualité de vie : trop de temps passé dans les transports, pas
assez de temps pour la famille. Ils s'accordent tous deux pour dire
qu'ils étaient stressés et se sentaient entraînés dans un style de vie
dont ils ne voulaient pas.*

*Cependant, ils ne cachent pas non plus les difficultés d'intégration qui
ont jalonné leur migration. Ils évoquent l'attitude réservée, voire hostile des gens. Toutefois, après quelques années, ils ne regrettent pas
leur décision. Ils ont fini par être acceptés, et ont retrouvé le temps
de vivre. S'ils ont eu du mal à se faire des amis, ils trouvent que les
relations sont plus authentiques. Christophe et Marine disent qu'ils
ont changé leur façon de vivre pour mieux se recentrer sur l'essentiel.*

Le « retour à la nature » de Marine et Christophe n'a rien à voir avec
les migrations hippies des années 1970. Leur choix n'a rien de
romantique. Il est réfléchi, calculé, quantifié. Leur décision entre
dans le cadre d'un thème de vie animé par une peur du monde ressenti comme un espace dangereux et destructeur : dangerosité liée à
l'insécurité, au manque de temps, à la dégradation du lien social.
Marine et Christophe se sentaient surtout dépossédés de leurs rôles
de parents par manque de temps et par l'influence jugée néfaste du
climat social d'une grande ville.

Leurs thèmes de vie s'expriment particulièrement dans la phrase que prononce Christophe : « Il faut savoir se recentrer sur l'essentiel. »

« Pas de ça chez moi ! »

Les innovations technologiques, les découvertes scientifiques sont souvent vécues comme des menaces potentielles. Certains médias ne se privent pas d'entretenir les inquiétudes, on découvre sans cesse des motifs de méfiance. L'alimentation n'est plus seulement un moyen de satisfaire un besoin fondamental de survie, c'est aussi et de plus en plus une menace pour la santé. À l'extrême, on ne choisit plus ce qu'on mange, mais comment on va s'empoisonner. La « malbouffe » a envahi notre espace culturel, en même temps qu'une ravageuse « bien-pensance » diététique.

Il suffit d'observer les titres des revues de vulgarisation scientifique pour constater qu'aucune n'échappe à la tentation d'effrayer le lecteur (qui en redemande !) sous prétexte d'informer. Les modes de vie actuels sont mis en cause. Il ne faut donc pas s'étonner d'observer des comportements de repli, de rejet, de méfiance vis-à-vis de ce que la science peut apporter. En outre, les choses se compliquent. Même vulgarisés, les savoirs ne sont pas à la portée de tous. Cela demande un effort de compréhension. Tout le monde n'est pas prêt à le fournir. La demande du consommateur de base s'inscrit dans des attentes magiques. « Le sida enfin vaincu ! ». Derrière cette formule « incantatoire », la suite de l'article décrit les lents tâtonnements d'une recherche dont les résultats sont soumis à des impératifs économiques. Il faudrait lire : « Le sida enfin vaincu, dans une vingtaine d'années peut-être, si les chercheurs disposent de moyens plus efficaces. »

La science et la magie ont souvent été mêlées parce que les travaux des scientifiques s'inscrivaient dans des démarches plus ou moins secrètes, souvent ésotériques, dont il reste encore aujourd'hui des traces dans les mentalités[1]. Au niveau des thèmes de vie, nous

---

1. Titre relevé sur la couverture de *Science et Vie*, n° 1040. Les articles « Des expériences secrètes sèment le trouble » et « Alchimie : les physiciens commencent à y croire ! » demeurent très classiques et conformes au style de la revue. Leurs titres, cependant, évoquent davantage un univers magique que scientifique.

allons observer comment la peur du monde extérieur se cristallise autour de l'innovation technologique. Comme le montre Jean-Noël Kapferer[1] dans son livre *Rumeurs,* il existe toujours un certain degré de méfiance à l'encontre de la nouveauté. Les mêmes rumeurs à propos de la dangerosité liée au progrès technique circulent ainsi à travers les siècles et les continents. Elles expliquent comment il convient de se protéger, de résister au changement en se repliant sur des savoirs et des techniques éprouvés. L'idée d'un âge d'or ayant existé dans le passé influence silencieusement ces attitudes. À notre époque, ces attitudes passéistes se manifestent par des discours hostiles à l'égard de la télévision, mais surtout de l'ordinateur et du téléphone portable jugés néfastes à différents niveaux. Cette attitude se réclame d'un désir de liberté, de refus d'une dépendance technique, mais elle traduit surtout la peur de ne pas maîtriser un environnement devenu différent, plus vaste, à la fois plus accessible et plus sélectif... La masse colossale des informations disponibles a de quoi impressionner. On se sent vite dépassé, submergé et on tend davantage à voir les inconvénients de la situation. Gérer, sélectionner, identifier, trouver les informations utiles nécessite l'apprentissage de savoir-faire dont beaucoup se sentent exclus, ce qui explique les attitudes de repli. Le témoignage de Cécile est à cet égard tout à fait caractéristique.

> *Cécile, 38 ans, mère de deux enfants, vit avec son ami, artisan dans une grande ville de province. Cécile est coiffeuse et travaille dans un salon situé près de chez elle. Elle se rend à pied à son travail ce qu'elle apprécie beaucoup. Cécile n'aime pas conduire. Elle privilégie les choses « naturelles », se dit volontiers « écolo ». Elle se passionne pour les plantes, et ne manque jamais l'occasion de conseiller ses clientes ou de vanter les vertus d'une herbe, d'une racine, de confier ses recettes... Elle justifie ses choix en invoquant des raisons de santé. Elle craint les allergies, la pollution, et d'autres maux dont le*

---

1. Jean-Noël Kapferer, *Rumeurs,* Le Seuil, 1991.

> *monde technologique serait responsable. Téléphones portables, ordi-*
> *nateurs, consoles de jeux, télévision, rien de tout cela ne trouve grâce*
> *à ses yeux, et si on lui fait remarquer que ses enfants doivent se sen-*
> *tir frustrés, elle répond que cela doit les amener à lire, et enchaîne*
> *sur un de ses couplets favoris : les méfaits de la télévision.*

Les thèmes de vie de Cécile reflètent sa peur du monde extérieur, qui se caractérise par un repli sur des positions traditionnelles, un refus de la technologie, une préférence marquée pour des savoirs présumés naturels. Ce thème de vie, inspiré pour l'essentiel par la peur du monde extérieur, s'exprime surtout par le refus de ce qui symbolise le présent : la télévision, l'ordinateur et le téléphone portable. Ces trois éléments sont souvent désignés comme responsables des comportements jugés négatifs et dangereux. Les choix de Cécile indiquent qu'elle cherche à protéger son cadre de vie. L'univers sur lequel elle règne doit rester à l'abri pour qu'elle s'y sente à l'aise.

Les thèmes de vie proactifs

Les mêmes données sociologiques engendrent aussi des comportements apparemment opposés. Au lieu de fuir un monde devenu « ingérable », on se lance à la poursuite d'idéaux, pour exercer ou reconquérir le pouvoir sur son destin. Résolument orientés vers l'action, les thèmes de vie qui en résultent sont qualifiés de proactifs. On n'hésite plus à s'engager dans des combats supposés faire triompher sa propre vérité face à un monde indifférent ou hostile.

Les thèmes précédents se fondaient sur un constat d'impuissance : face à une société jungle, un monde chaotique, l'adaptation choisie était le repli sur soi, sur des valeurs passéistes jugées plus aptes à assurer sa protection. Cette fois, le but reste similaire, il s'agit toujours de se mettre à l'abri, mais en prenant le contrôle à un niveau évalué accessible.

Pour certains, il semble difficile, voire impossible de mener un combat pour soi-même excepté si on reste dans les limites de son « cocon ». On va donc étendre son champ d'action en rejoignant un groupe, une communauté.

Pour d'autres, le combat, la prise de contrôle est d'abord une affaire individuelle. On observera des thèmes de vie du type « seul contre tous », « sacrifice individuel », « mes principes avant tout »…

Choisir son camp

Dans un paysage social mettant en exergue les différences et creusant les écarts entre les groupes, beaucoup peinent à s'affirmer en tant que personne et recherchent la validation d'un groupe. L'émergence de groupes fortement typés correspond à l'exacerbation du besoin d'affiliation, d'appartenance. La peur d'être seul, la peur de disparaître, c'est-à-dire de ne pas exister, soutient cette vague. La volonté de trouver ses repères au sein d'un groupe semblait jusqu'alors un comportement surtout réservé aux adolescents en mal d'identité, et aux membres de communautés minoritaires. Pourtant, aujourd'hui, le besoin d'affiliation traverse les générations et gagne du terrain dans le paysage social. Il faut donc choisir son camp, et s'engager pour défendre son point de vue dans le cadre sécurisant du groupe.

Tribus, lobbies, groupes de pression tentent d'imposer leurs valeurs. On observe une survalorisation du marginal, de l'exceptionnel entraînant des conformismes rigides. Des thèmes de vie fondés sur d'inflexibles valeurs éthiques apparaissent. La responsabilité individuelle, le libre arbitre, la contestation sont rejetés car ils représentent des sources de conflit ou d'incertitude et surtout de remise en question. Les thèmes de vie illustrant cette tendance valorisent des positions comme « faire son devoir », « respecter l'ordre », « montrer les coupables »… On se sent beaucoup plus fort en groupe pour revendiquer, défendre ses droits, ou plus simplement s'affirmer. En effet, la peur de la solitude conduit à chercher d'autres gens qui partagent la même expérience, les mêmes galères, mais aussi les aspirations, les idéaux, les attentes.

Les groupes ont toujours existé, mais ceux d'aujourd'hui s'apparentent à des tribus au sein desquelles règne un ordre particulier. Le bien et le mal ne relèvent pas seulement des lois de la société, mais se définissent aussi selon les règles de la tribu. Ce sont précisément ces repères que viennent chercher les affiliés de la communauté, faute de les avoir trouvés au sein de la cellule familiale ou dans les parcours éducatifs. Cependant, toutes les tribus ne se ressemblent pas. Entre les groupes intégristes religieux qui exigent une parfaite abnégation des adhérents, et les tribus branchées sur quelques centres d'intérêt culturels, il existe de profondes différences. Les premières vont mettre en évidence des thèmes de vie fondés sur la négation de l'individu et sur la chance d'exister, voire de renaître, que lui offre le groupe ; les secondes valorisent l'originalité de l'individu qui met en valeur ses prises de position et les affiche.

Communautés et mouvances

Paul – 48 ans, ingénieur – et Babette – 46 ans, médecin – ont trouvé leur vérité dans la pratique d'une religion. Leur parcours mystique a débuté par l'aide humanitaire : Babette, déjà expérimentée, préparait les intervenants à leurs missions. Paul a été conquis : il venait enfin de rencontrer sa vocation, il prenait conscience que sa bonne volonté ne suffisait pas. Babette, avec sérénité, a pris l'ascendant… Après un premier séjour sur le terrain, Paul revient passablement déstabilisé. Babette lui propose de l'accompagner dans une communauté religieuse. Paul s'en défend, il a peur de tomber chez des fondamentalistes, mais il fait confiance à Babette. C'est à partir de cette époque qu'ils décident d'unir leurs parcours, un mariage conventionnel, une famille, un style de vie qui doit les maintenir sur la bonne voie. « La foi » et « la vérité » sont leurs idéaux.

Paul et Babette se comprennent et sont d'accord pour obéir aux règles de leur religion : pas de vie commune avant le mariage, pas de plaisirs matériels, du bonheur dans la prière, et dans leur action au service de leur foi. Quelques années plus tard, ils ont cinq enfants, un sixième est en route. Ils sont heureux et ne regrettent pas un instant leurs choix. Ils ont chacun une activité professionnelle, pour subvenir aux besoins de leur famille. Ils veulent montrer qu'ils s'épanouissent dans leur foi. Ils sont très actifs : groupes de prière, encadrement des jeunes, accompagnement des personnes mourantes, tout leur temps libre y passe. Leur vie de famille n'est pas négligée, ils s'organisent…

Les contraintes et les difficultés ne les rebutent pas. Ils veulent aller jusqu'au bout de leurs convictions et de leur foi, notamment en assumer toutes les exigences. Pourtant, il leur arrive de douter. Ils pensent alors que leur Dieu met leur foi à l'épreuve, ce qui vient en fin de compte la renforcer.

> *Paul et Babette ne s'expriment que collectivement. Ils n'utilisent que très rarement le « je », seulement pour évoquer leur vie avant d'avoir découvert la communauté religieuse. Cette appartenance a dilué leur individualité, ils n'existent plus par eux-mêmes, mais par les rôles qu'ils ont choisi d'assumer. Leurs thèmes de vie se rejoignent : Paul et Babette sont très actifs, leur personnalité s'illustre dans leurs engagements, leurs combats, le temps investi pour la communauté. Ils sont conscients que, pour l'observateur extérieur, leur mode de vie, le choix familial peuvent sembler rigoristes, contraignants, peu réalistes ou même carrément hors normes. Ces contraintes leur paraissent cependant fort légères en regard de ce que la communauté leur apporte d'épanouissement. De tels thèmes de vie proactifs diffèrent des précédents car s'ils naissent de la peur ou du rejet du monde extérieur, ils participent d'un projet et donc d'un désir de s'identifier en tant qu'acteur pleinement engagé.*

La communauté à laquelle appartiennent Paul et Babette est très exigeante, tous les aspects de leur vie sont affectés par leur engagement. Tous les groupes ne sont pas aussi fortement structurés. Quelques signes extérieurs, des attitudes « tendances » suffisent parfois à identifier la personne comme appartenant à une communauté ou plutôt à une mouvance aux contours assez flous.

Signes extérieurs d'appartenance

Une tendance très actuelle s'exprime dans les marquages corporels, principalement tatouages et piercings. En 1980, quatre boutiques de tatouage suffisaient à répondre à la demande française. En 1990, il en fallait une cinquantaine. Désormais, il s'en ouvre presque chaque jour. Selon Jérôme Pierrat, rédacteur en chef de *Tatouage Magazine*, on dénombre environ 300 ateliers de tatouage et *piercing*. Même dans les petites villes de province, il n'est pas rare de compter deux ou trois ateliers concurrents.

Véronique Zbinden, dans *Piercing : Rites ethniques, pratique moderne*[1], évoque trois courants à l'origine de cette tendance : les *punks*, qui

---

1. *Cf.* bibliographie.

utilisaient des épingles à nourrice en guise de bijoux ; les « primitifs modernes », une communauté de Californie qui, depuis les années 1970, a popularisé les pratiques rituelles de marquage de la peau ; les milieux sadomasochistes dont l'imagerie violente a inspiré la mode dès les années 1980.

Tatouages, *piercings* et autres inscriptions corporelles réprouvées, voire interdites par les grandes religions monothéistes, étaient de ce fait réservées à des marginaux ou des communautés restreintes (gens du voyage, marins, bagnards, prisonniers) comme signes distinctifs de leur condition. Ces pratiques, lorsqu'elles étaient imposées, servaient à identifier le porteur de ces marques comme appartenant à une catégorie, à un groupe, ou à un propriétaire (dans le cas de l'esclavage, comme dans celui des prisonniers). Marquer le corps, c'est s'emparer de l'existence du porteur de la marque… D'où notre intérêt pour ces pratiques dans le cadre des thèmes de vie.

En 2001, Bruno Rouers[1], alors doctorant en anthropologie sociale EHESS à Toulouse, écrivait : « À la différence des *punks* qui expriment par des pratiques d'origine tribale (coiffure, *piercing*) leurs désillusions face au monde moderne, les « primitifs modernes » vantent les bienfaits des modifications corporelles et parlent de la métamorphose de leur corps comme d'une élévation ou d'une sublimation ; ils recherchent par ces méthodes une richesse tant émotionnelle que spirituelle ou sexuelle. L'importance de la douleur est fondamentale et son dépassement permet d'atteindre des niveaux extatiques que le monde moderne ne connaît plus. Ils tentent d'assouvir ce qu'ils nomment « l'impulsion originelle » (*primal urge*) de faire quelque chose avec leur corps. Le fakir Musafar, créateur du magazine *Body Play, and Modern Primitives Quarterly*, définit le *body play* comme une « modification délibérée et ritualisée du corps humain. C'est un besoin universel qui semble transcender les frontières temporelles et culturelles ».

Les marquages corporels s'affichent et représentent un ultime espace de choix individuel ; faire ce que l'on veut de son corps est vécu

---

1. http://www.geocities.com/organdi_revue/February2001/Rouers01.htm

comme le dernier bastion de la liberté de choix. Le tatouage et le piercing sont sortis de leurs contextes traditionnels, où ils représentaient des symboles d'appartenance, de protection magique, de conjuration, de statut hiérarchique. Aujourd'hui, c'est l'individu qui choisit de s'imposer cette marque. Les motivations sont ancrées dans l'intimité de chacun.

Pour Anne Raulin, maître de conférences en anthropologie urbaine à l'université Paris V, les marquages corporels peuvent se comprendre à deux niveaux : d'une part, ils représentent une rupture vis-à-vis d'une appartenance antérieure et, d'autre part, ils permettent de s'intégrer à une autre. En ce sens les marquages corporels ont une valeur initiatique : « On réitère la rupture du cordon ombilical – on se coupe d'une matrice sociale, on se singularise par rapport aux normes de la société – pour reconstituer sa propre appartenance. » Ces marques permettent aussi de créer un lien social, entre individus d'une classe d'âge. Utiliser des marques définitives peut se comprendre comme une façon de créer un espace de stabilité dans un environnement instable.

Les marquages corporels actuels sont empruntés aux sociétés traditionnelles, mais n'en conservent pas la dimension sacrée. Ici, on assiste au contraire à une distanciation. Les marquages n'engagent pas la personne qui les porte autrement que dans un sens ludique et esthétique. Anne Raulin assimile ces pratiques à de l'exhibitionnisme identitaire, conséquence d'une ambiance sociale qui exige d'en faire toujours plus pour avoir le sentiment d'exister.

> *Naomi, 20 ans, étudiante, explique qu'elle a envie de se faire tatouer depuis un séjour en Angleterre. Beaucoup de jeunes filles portaient des tatouages. Cela lui plaisait. Elle trouvait que cela mettait en valeur la qualité de la peau, que cela donnait de la « personnalité ». Toutefois, comme l'idée n'était pas bien accueillie dans sa famille, Naomi a attendu d'avoir son indépendance, un travail, un logement à elle, avant de prendre la grande décision.*
>
> *Elle raconte comment elle s'est sentie « libérée » dès l'instant où elle a été tatouée. Elle s'est sentie différente, « plus vraie », avec l'impression « d'exister plus fort ». Toutes ses amies ou presque portent un tatouage, elle se sent plus proche d'elles à présent.*

Le témoignage de Naomi est assez caractéristique : le tatouage fait partie d'un rite de passage réinventé. Naomi a quitté un groupe de référence, sa famille, puis elle a exprimé son indépendance en apportant ce changement à son corps ; elle devient visiblement une autre personne, et intègre un autre groupe.

Le thème de vie sous-jacent est autant basé sur le désir d'appartenance que la peur de ne pas exister, et celle d'être seule. L'expérience de marquage corporel relève d'une démarche intime qui vient pallier un sentiment de frustration vis-à-vis d'un monde chaotique limitant les champs d'action individuels. Le choix est délibéré, il s'agit d'inscrire son existence en laissant une marque définitive sur le terrain d'action ressenti comme une propriété inaliénable : son propre corps.

Régimes au pouvoir

Dans les comportements de prise de contrôle individuel illustrant des thèmes de vie proactifs, on pourra citer les parcours « diététique », « bio », comme des modèles du genre. Pour se convaincre de l'importance de tels mouvements, il suffit d'observer l'immense succès commercial des activités économiques centrées sur l'alimentation saine, la diététique, et plus largement la santé et la beauté.

C'est une forme différente d'action sur son corps. Le marquer de tatouages, le percer, le contraindre par des régimes, l'alimenter selon tel ou tel principe sont autant d'actions qui relèvent d'un choix personnel et symbolisent l'exercice d'un pouvoir.

Les bonnes raisons ne manquent pas pour justifier ces démarches : manque de confiance en la qualité des denrées alimentaires, présence de substances supposées toxiques dans l'alimentation quotidienne. Tout cela a de quoi faire. En outre, la progression de l'obésité et l'obsession de garder une silhouette svelte ajoutent la touche finale à un tableau déjà peu appétissant.

On modèle son corps, on gère son alimentation et, à travers ces conduites, on transmet une image de soi qui traduit son pouvoir personnel, son aptitude à contrôler. C'est à la fois une façon d'exister et une expression des thèmes de vie portés par les tendances en vogue.

> *Franck, cadre, 43 ans, fait très attention à son régime. Depuis cinq ou six ans, il s'est engagé dans un parcours « alimentation saine ». Il n'a pas de problème de surpoids, mais, il pense que sa santé mérite qu'il surveille de près ce qu'il mange. D'ailleurs, il se sent mieux quand il mange des produits « bio ». Il explique son choix par son histoire personnelle. Élevé à la campagne avec un grand-père jardinier, il a appris le goût des « vrais » légumes et des produits « faits maison ». Il en a gardé la nostalgie, et ne s'y retrouve plus dans ce qu'il trouve sur les étals de l'hypermarché. Puis il évoque la question des OGM, et il admet que ça lui fait un peu peur, et surtout que ça lui donne envie de réagir, de s'opposer, de faire quelque chose pour résister. Il admet certains inconvénients, certes, les produits « bio » sont chers, mais ça l'oblige à ne plus gaspiller, et puis, il y a aussi d'excellents produits régionaux. Franck ne veut pas se laisser gaver de n'importe quoi, mais garder la maîtrise du choix.*

Franck utilise des thèmes de vie proactifs qui lui permettent d'exercer un certain contrôle, même s'il est limité. Franck a besoin de se sentir libre de ses choix. Ce n'est pas la peur qui anime son thème de vie pour la santé, mais le désir d'exercer un réel pouvoir à travers des choix tels que la sélection des aliments.

De tels thèmes de vie sont tout à fait dans l'air du temps : le corps est vécu comme un champ d'action, un espace de responsabilité. Franck établit un lien de causalité direct entre ce qu'il mange et son état de santé. Il veut se sentir responsable, jouer un rôle actif à ce niveau, ce qui justifie son choix. Son thème de vie pour la santé est ancré dans le projet. Il n'est pas animé par la peur, mais par le désir d'atteindre ou de maintenir son corps en un état de santé satisfaisant. Le plaisir n'est pas exclu de ce thème de vie car, Franck le rappelle, il a des références en termes de saveurs et cherche donc dans ses choix à retrouver les goûts authentiques qu'il a appris à connaître dans son enfance et qu'il va retrouver en faisant un choix « bio ».

Faire feu de tout bois

Nous avons observé que les thèmes de vie proactifs s'exercent de différentes manières. L'objectif de ces thèmes demeure la prise de contrôle sur un champ d'action. Le premier cas montrait comment des gens modèlent leur existence en fonction de leurs croyances religieuses, le second comment la prise de pouvoir sur son apparence corporelle contribuait à donner un sentiment d'exister plus intense. Enfin, le troisième cas, représente une variante de l'exercice du pouvoir sur son propre corps à travers l'observance de contraintes alimentaires.

Dans ces deux derniers cas, l'exercice du pouvoir personnel était limité à soi-même, à son propre corps. Nous allons aborder maintenant des thèmes de vie proactifs qui s'appliquent à de plus vastes ensembles.

« Quoi qu'il arrive, je trouve toujours une solution… »

Jenny, Anglaise, 53 ans, vit et travaille actuellement en France. Elle a beaucoup voyagé et a exercé des métiers bien différents.

Elle raconte comment, passionnée par la danse, elle a commencé par faire partie d'un ballet en Angleterre, mais rapidement elle s'est ennuyée et à chercher à diversifier son activité. Elle a donc monté sa propre école de danse, mais l'année suivante, malgré des résultats encourageants, elle a décidé d'arrêter pour aller rejoindre son ami en Italie.

Ses deux filles sont nées à Rome, où Jenny travaille comme guide pour touristes anglophones. Elle est en contact avec beaucoup de gens et prend goût à ce type d'activité. Elle parvient à se « fixer » quelques années, mais elle quitte son ami et part pour l'Espagne. Elle ne trouve pas le même genre de travail, mais se retrouve bientôt dans une agence immobilière qu'elle représente auprès de la clientèle anglaise. Il semble alors que Jenny trouve sa voie : « Là, ça a très bien marché, c'était ma voie… Rapidement, j'ai développé les affaires, puis j'ai ouvert ma propre agence. Quelques années plus tard, c'était tout un réseau ! »

Voilà Jenny devenue femme d'affaires, mais qui s'ennuie de l'Angleterre. Encore une fois elle décide de prendre un nouveau départ : « Ma mère habitait une ravissante maison en Écosse, près d'un lac. Elle n'était pas en très bonne santé, je voulais être plus près d'elle. J'ai donné ma démission et je suis partie m'installer en Écosse. En fait, ça correspondait à un moment de ma vie où je me posais des questions, j'étais en recherche de moi-même, de supposées racines, c'est ce qui justifiait ce choix, l'Écosse, c'était aussi le pays de mes ancêtres… »

> Jenny n'a pas fait le bon choix, elle ne supporte pas le climat, et repart une fois encore, cette fois, elle arrive dans le sud de la France avec ses deux filles. Avant de retrouver une situation, elle va traverser de nombreuses épreuves, mais, comme toujours, elle n'en voit que les aspects positifs. Jenny explique : « Je suis capable maintenant d'utiliser tout ce que je sais, avant cette expérience écossaise, j'allais à l'instinct, sûre de trouver ma place quel que soit le pays, ou les circonstances ! Je me dis qu'il y a toujours quelque chose d'intéressant à apprendre, et ça m'a permis de confirmer mes compétences. Je n'ai plus aucun doute maintenant, c'est dans l'immobilier que je réussis… »

Jenny utilise des thèmes de vie résolument ancrés dans l'action. Elle aborde le monde extérieur dans un esprit de découverte, elle est disponible et son attention se concentre sur ses possibilités et les opportunités du contexte dans lequel elle se trouve. C'est un thème de vie particulièrement efficace sur le plan socioprofessionnel. Le champ d'action de Jenny est immense, elle se sent capable de s'adapter à toute situation, et envisage les changements avec curiosité et enthousiasme. Jenny a bien davantage conscience de ce qu'elle peut gagner que de ce qu'elle peut perdre dans un processus de changement. Ces thèmes de vie s'organisent dans une ambiance optimiste et pragmatique.

Les thèmes de vie orientés vers l'action, animés par le désir d'atteindre des buts dans une dynamique volontariste s'expriment dans des comportements très interactifs. La personne observe les éléments qu'elle rencontre dans le monde extérieur et sélectionne ceux qui peuvent l'aider à atteindre ses objectifs.

CHAPITRE 7

Faire évoluer
ses thèmes de vie

Dès le début de ce livre, le caractère construit des thèmes de vie s'est imposé comme leur aspect fondamental. Même si cette construction ne procède pas d'une attitude volontariste, elle s'enracine dans les comportements, les interactions avec l'environnement, et les savoirs qui en résultent. Chaque expérience vécue ajoute et modèle les thèmes de vie existants, les confirme, les solidifie, mais aussi, parfois, vient les contredire. On découvre alors que les habitudes, les attitudes jusqu'alors utilisées ne permettent plus de s'adapter efficacement aux données de la situation ou de l'environnement. Un état de crise ou de déstabilisation s'installe. Il va conduire à l'élaboration d'un nouveau thème de vie, mieux à même de répondre aux problèmes rencontrés.

En dépit de leur omniprésence dans notre théâtre mental, de leur influence sur nos comportements et prises de décision, les thèmes de vie ne sont pas immuables, mais au contraire évoluent au fil du temps. Il est donc possible d'agir sur leur évolution, notamment grâce à un travail sur soi. Lorsque les thèmes de vie se répètent inlassablement et s'expriment dans des scénarios calamiteux, les informations utiles ne s'intègrent pas au théâtre mental. Les mêmes problèmes réapparaissent, perdurent et souvent s'amplifient. On n'arrive pas à tirer profit des expériences, et tout se passe comme s'il était plus avantageux de refaire les mêmes erreurs que de modifier le thème de vie sous-jacent.

Le thème de vie reflète ce que nous sommes, qui nous sommes, et le « pourquoi » de nos choix. Il s'agit d'une véritable signature psychologique, d'une pièce d'identité. Quand nous changeons un léger détail dans nos attitudes, cette modification, même infime se répercute sur nos thèmes de vie. Les thèmes de vie sous-jacents à des attitudes insatisfaisantes, frustrantes, inadaptées se caractérisent par de lourds barrages qui empêchent d'intégrer les informations pertinentes. De plus, ces barrages interdisent d'imaginer des alternatives positives. On se maintient ainsi prisonnier de cercles vicieux. Les effets des expériences négatives se rajoutent et renforcent le thème de vie.

Pour faire évoluer les thèmes de vie, le meilleur moyen consiste à enrichir le point de vue, ajouter de nouveaux critères d'évaluation, et renouveler le sens de l'expérience. Le théâtre mental sera remis à neuf, avec de nouveaux décors, une affiche renouvelée, un metteur en scène à nouveau créatif et plein d'ardeur.

Il s'agit de découvrir et de mettre en œuvre les ressources nécessaires à la reconstruction des thèmes de vie, voire à la construction de nouveaux thèmes, mieux adaptés et plus performants.

La signature psychologique

Être ou ne pas être « soi » ?

L'idée de « soi » reflète les références utilisées. Ainsi, le « soi » du psychanalyste est-il tout à fait différent du « soi » du philosophe, du religieux, du neurobiologiste[1].... Les scientifiques qui aujourd'hui imaginent des machines « intelligentes » sont aussi conduits à réfléchir sur la notion de « soi ». Une machine peut-elle avoir une conscience de soi ?

Le thème de vie est une expression de soi à la fois au niveau de la conscience de soi, et de l'interaction.

---

1. Antonio Damasio, *Le Sentiment même de soi*, Odile Jacob, Paris, 2002.

Michel, 45 ans, se regarde dans la glace, et ne se reconnaît pas. Il détourne son regard du reflet impitoyable. Les cheveux clairsemés au sommet du crâne, le dos légèrement voûté, un ventre que les T shirts trop larges ne dissimulent plus, bref : une dizaine de kilos en trop… Il doit se rendre à l'évidence ! Michel se prend encore pour un fringant jeune homme, mais le reflet du miroir dément sans indulgence cette image, et chaque jour le décalage s'agrandit…

Des soucis professionnels, un divorce qui tourne au drame, une mutation qu'il a fallu accepter, Michel attribue son malaise à ces différentes épreuves. Pourtant, il constate avec amertume qu'il ne se sent pas doué pour être heureux. Michel décide de réajuster son look, et maintenir sa motivation vers un meilleur équilibre. Il exprime son objectif avec la phrase suivante : « Je veux redevenir actif et efficace dans ma vie personnelle, me donner des buts et les atteindre… » Il apparaît rapidement que Michel n'a pas de référence personnelle pour « actif et efficace ». Ce sont des mots qui décrivent des modèles idéalisés, mais qui ne correspondent pas à ce qu'il est. Michel se laisse porter par les événements, et quand il réagit, il est souvent trop tard. Il se trouve mis devant le fait accompli, comme pour son divorce, et comme cela lui « tombe » dessus quand il se découvre dans le reflet du miroir. L'objectif qu'il énonce ne lui correspond pas, parce qu'avec son thème de vie privilégiant un certain laisser-aller, il ne peut pas « vouloir » réellement quelque chose. Il agit au dernier moment, souvent dans la précipitation, et en réaction à une situation qui devient difficile ou ingérable.

Pourtant, il lui semble légitime de vouloir devenir acteur de son destin, et c'est en ce sens qu'il va faire un travail sur soi pour trouver les ressources et les solutions réellement adaptées à sa problématique personnelle.

La zen attitude

À travers nos comportements, nous transmettons des signes révélateurs de nos thèmes de vie. L'air du temps les influence en diffusant des images qui évoquent des buts d'accomplissement de soi. La quête du bonheur se fonde sur des croyances comme la valorisation de l'instant ou celle de l'effort vers un futur imaginé comme meilleur que le présent. De nombreux thèmes de vie tentent de transmettre des images « cool » ou « zen », mais, si on les examine attentivement, on saisira leur caractère factice. La mode privilégie les attitudes « cool », « zen », qu'il convient d'exprimer dans son comportement pour rester « tendance ». Ces attitudes supposent une rare maîtrise de soi. Il s'agit en effet de traverser la vie et ses inévitables galères, comme si on « planait » au-dessus, hors d'atteinte, protégé par de puissantes barrières mentales. L'image associée se réfère généralement aux philosophies orientales et met en scène un personnage en posture de lotus, affublé d'un sourire béat, les yeux clos, plongé dans une méditation extatique pour rester immuable quoiqu'il advienne.

Demeurer impassible est un comportement qui a toujours été valorisé, mais pas nécessairement à l'aide des mêmes références. L'idéal du héros volontaire qui ne laisse pas son comportement traduire ses émotions traverse les époques et emporte l'adhésion de beaucoup. Les êtres humains sont dotés de capacités émotionnelles dont le fonctionnement facilite l'adaptation car il permet de communiquer lisiblement. Pourtant, tout se passe comme s'il fallait à tout prix brouiller les cartes pour sortir gagnant du jeu social.

Celui qui reste « zen » ne montre donc pas ses émotions, et cela d'autant mieux qu'il est censé ne pas en avoir, ce qui, en regard de ce que l'on sait, ferait plutôt de ce personnage une sorte de handicapé, incapable de se servir de ses capacités adaptatives.

Au niveau des représentations, l'attitude « zen » se traduit par un certain degré d'immobilité, la posture de méditation, l'impassibilité face à la situation ; cependant, un tel comportement s'inscrit en faux par rapport à l'utilisation et la perception du temps dans la société actuelle. Un des points forts de l'attitude « zen » préconise de prendre le temps de vivre, mais comment faire entre le temps passé dans les transports, le temps de travail, les tâches de la vie quotidienne, la famille et l'inévitable télévision ?

Enfin, pour rester « zen », il faut aussi « se bouger ». La quête du bien-être requiert une bonne dose d'énergie. Sans mettre en doute les bénéfices de l'activité physique, on doit se rendre à l'évidence : la « zen attitude » n'est pas à la portée de tous, loin s'en faut. Faute de pouvoir y mettre le temps et l'énergie nécessaires, on se contentera d'éviter les « prises de tête ». Et sur ce dernier point, l'attitude « zen » se manifeste aussi par le refus du débat ou de la réflexion, et l'adhésion à des croyances simplistes. Les choses étant claires, il n'y a pas lieu de s'interroger et on pourra donc méditer sereinement et se sentir enfin « bien dans sa tête » !

Or, si on admet qu'on recherche et valorise surtout ce qui semble idéal, hors de portée, ou au minimum difficile à atteindre, on comprend mieux le succès de l'attitude « zen ».

Le besoin d'accomplissement

De l'Antiquité jusqu'à nos jours, le thème de l'accomplissement de soi ou, plus généralement, de la quête du bonheur intéresse les sciences humaines qui explorent les différents éléments organisateurs du sens de la vie. Les grands courants de pensée s'expriment dans l'interprétation des phénomènes observés. L'accomplissement de soi comme la quête du bonheur sont au centre de toute réflexion et mettent en évidence la place de la personne dans ses environnements (psychosocial, spirituel) et le sens de sa vie.

Dès l'instant où l'être humain accède à la conscience soi/autres, il perçoit son environnement, et éprouve le besoin de se situer. Si l'appartenance culturelle, les différences individuelles déterminent le contenu de ses interrogations comme de ses certitudes, le besoin d'organiser perceptions et comportements en fonction d'un sens demeure constant.

Les thèmes de vie jouent un rôle d'organisation du sens, de l'expérience à la référence et jusqu'aux comportements qui en résultent. Organiser ses comportements en fonction d'un sens permet de prendre conscience de ses aspirations, et satisfaire le besoin d'accomplissement permet d'être en harmonie avec ses représentations de soi et du monde. S'accomplir représente un besoin vital au plan psychologique et social. Faute de l'atteindre, il en va de l'identité même.

Quelques modèles d'accomplissement de soi occupent le devant de la scène. Ils reflètent la place attribuée à l'individuel par rapport au collectif, la « valeur » de la vie (et il s'agit déjà d'un présupposé), et les moyens privilégiés de lui donner un sens. Parmi ces modèles, celui du « héros » exerce un pouvoir d'attraction important, en voici les grandes lignes.

Le culte du héros

La culture occidentale valorise par-dessus tout les performances individuelles. Les héros représentent des modèles auxquels chacun aimerait ressembler. L'exploit devient un but activement recherché, et la course à l'exploit a de nombreux effets pervers. L'exploit devient un instrument de mesure de la valeur de celui qui l'accomplit. L'exploit, pour être reconnu comme tel, a besoin de témoins, et le voyeurisme du public entretient la motivation des candidats. Pour satisfaire cette attente, on a tendance à qualifier d'exploit un peu n'importe quelle action, pourvu qu'elle fasse appel à des qualités héroïques ou identifiées comme telles.

Enfin, pour qualifier les comportements du héros, le langage de l'exploit utilise des expressions comme : « aller jusqu'au bout », « vivre ses passions », « seul contre tous », « y croire ». Ces mots seront repris, non sans ironie « au pied de la lettre » à titre individuel pour justifier ses choix de vie, et devenir à son tour une réplique du « héros », même si les exploits doivent rester au « ras des pâquerettes ».

Les héros existent depuis fort longtemps. Ils ont peuplé les mythes qui servent de base au travail sur soi. Toutefois, la tradition semblait mieux faire la différence entre le langage de la poésie et celui de la réalité. La volonté d'établir des vérités à partir de faits observables et/ou mesurables, à l'exclusion de toute autre forme de preuve, est un phénomène relativement récent, qu'on pourrait rattacher à l'usage d'une philosophie matérialiste.

Auparavant, la dimension irrationnelle était intégrée à l'ensemble des champs de connaissance de l'homme, par référence à l'existence de Dieu. La transmission de grands mythes tels que *l'Odyssée* ou la légende du roi Arthur constituait un moyen d'aider les jeunes à devenir des personnes à part entière, munies d'une somme de connaissances conscientes et inconscientes permettant leur intégration à la vie sociale de leur environnement.

Le mythe n'est pas fait pour être transformé en fait réel. S'identifier au héros ne requiert pas de l'imiter dans la réalité : le mythe parle à l'inconscient et joue un rôle de structuration dont les effets se manifesteront au niveau des choix et des comportements affectifs et sociaux.

Les réponses de la psychologie

Les travaux d'Abraham Maslow, fondateur de la psychologie huma-
niste, ont mis en exergue le besoin d'accomplissement de soi comme
l'ultime barreau de l'échelle avec laquelle il répertorie les motivations
majeures de l'être humain. L'auteur élabore ainsi une hiérarchie des
besoins fondamentaux, au sommet de laquelle il place le besoin de
s'accomplir, c'est la célèbre « pyramide de Maslow[1] ».

S'accomplir ou pas : les embûches

Sur la voie de l'accomplissement, les embûches ne manquent pas, et,
les thèmes de vie tendent généralement à se rigidifier avec le temps.
Aussi, même une accumulation d'expériences négatives ne change-
t-elle pas nécessairement le thème sous-jacent. Contrairement à une
croyance fréquente, quand on a une difficulté, elle ne tend pas à
s'améliorer avec le temps, mais plutôt à s'aggraver. À partir d'un problème qui rend difficile tout accomplissement de soi, on arrive à perdre le désir, voire la notion même d'épanouissement personnel.

Revenons un peu en arrière. Ce n'est pas parce que vous avez atteint
votre taille adulte, franchi les étapes scolaires et universitaires, réussi
à vous insérer dans le monde du travail que vous êtes un être accompli. Vous pouvez faire partie de la foule des gens stressés, mécontents,
insatisfaits, anxieux, sans cesse soumis aux turbulences du monde
extérieur. L'épanouissement de soi c'est d'abord une communication
en soi, un usage harmonieux de ses aptitudes, et une gestion positive
de ses interactions avec le monde extérieur. Quel que soit le point de
départ, intellectuel, social, culturel, les personnes qui ont le désir de
s'accomplir surmontent tous les obstacles, tandis qu'à la moindre difficulté, les autres abandonnent.

Ce ne sont pas les appartenances culturelles et sociales, les aptitudes
physiques ou intellectuelles qui empêchent les gens de s'accomplir,
mais leurs croyances et leurs représentations, qui s'expriment alors à
travers diverses difficultés. L'impossibilité de se reconnaître comme
appartenant à un groupe social, la privation culturelle forment la

---

1. Abraham Maslow, *L'Accomplissement de soi*, op.cit.

toile de fond des représentations et croyances négatives qui empêchent d'accéder au désir d'accomplissement. On sait que les thèmes
de vie sont faits de croyances, représentations et généralisations
construites au fil des expériences et qu'ils constituent le lien logique
entre tous ses choix et comportements.

Déconnecté de nos sensations

Notre premier contact avec toute expérience est sensoriel ; avant
tout codage, il existe une perception sensorielle de l'information. Les
personnes en difficulté d'accomplissement, ont plus ou moins perdu
confiance en leurs sens. Tout se passe comme si, leurs croyances
négatives remplaçaient la réalité de leurs perceptions, créant ainsi un
décalage pénible au cœur même de leur vécu subjectif, se traduisant
ensuite par des comportements de communication ambigus, difficiles-
les d'accès, hautement codés par une logique interne dont les clés
restent hors de portée des autres…

Un univers appauvri en stimulations sensorielles prépare presque à
coup sûr une représentation réduite du monde. Inversement, les
personnes qui tiennent compte de leurs perceptions et de leurs
représentations sensorielles parviennent à interagir avec un monde
de taille réelle. On peut alors retenir cette sorte d'imperméabilité aux
informations sensorielles comme un des facteurs venant inhiber le
désir d'accomplissement.

La résignation contribue également à empêcher les gens de chercher
à satisfaire leur désir d'accomplissement. La personne considère souvent qu'elle n'est pas assez douée, courageuse, motivée, que sa situation la défavorise, et finit par se résigner. Or, si l'on y regarde de plus
près, les raisons invoquées pour expliquer cette résignation ne conduisent pas tous les gens à la même issue. Ce qui empêche certains
d'avancer, incite les autres à progresser. Toutefois, il existe des
croyances et des pertes de repères tout à fait typiques qui exercent
une influence négative sur le désir d'épanouissement.

Il existe plusieurs croyances qui interdisent l'accès au désir
d'accomplissement : elles proviennent d'expériences de référence
qui réduisent les représentations positives du monde extérieur, et

appauvrissent celles des potentiels, des qualités, et de la légitimité des aspirations. Ces croyances inconscientes, organisées en thèmes de vie se manifestent dans les comportements, et, à leur tour ceux-ci les renforcent.

Le comportement d'échec

Exemple fréquent, ce comportement exprime la croyance d'incapacité et des thèmes de vie de « perdant ». La personne se donne un but, met en place des moyens inadaptés qui la conduisent à l'échec. Une seconde tentative n'est pas plus fructueuse, et ces échecs successifs ajoutent encore plus de poids à la croyance. À partir d'un certain seuil, l'incapacité de la personne à atteindre ses buts vient délimiter un champ d'action de plus en plus restreint. Pourtant, si l'on observe le mécanisme de l'échec, on s'aperçoit qu'il suffirait de modifier, parfois même légèrement, la démarche pour qu'elle se métamorphose en succès. Tous les êtres possèdent des limites à leurs compétences. Toutefois, certains arrivent à atteindre leurs objectifs essentiellement parce qu'ils sont persuadés d'en être capables, tandis que d'autres n'osent même pas en rêver tant ils se sentent dans l'impossibilité de les atteindre. Il va sans dire que le conditionnement à l'échec qui construit la croyance d'incapacité se met en place à la suite d'expériences négatives. Si l'on prend l'exemple de l'échec scolaire, on s'aperçoit qu'il se met en place rapidement, et tend à devenir la seule certitude de l'élève par rapport à son activité à l'école. D'autres attitudes d'échec lui succèdent en toute logique, formation professionnelle, insertion sociale, relations affectives, etc. La croyance d'incapacité, comme toutes les autres, tend à contaminer la totalité de la représentation du monde. Au cours d'un travail sur soi, c'est probablement la plus fréquente. Elle se manifeste plus ou moins intensément et c'est l'une des croyances négatives qu'on parvient le plus aisément à changer. Il suffit parfois d'un seul contre-exemple de succès pleinement vécu pour que la personne s'engage sur une voie d'accomplissement.

Se croire victime de son environnement

Cette croyance, voisine de la première, caractérise des thèmes de vie animés par la peur. Cette fois, il s'agit du sentiment d'impuissance face aux événements. Si nous ne maîtrisons pas tout ce qui nous arrive, nous avons cependant beaucoup plus de pouvoir sur nos expériences que nous ne le croyons. Cette impuissance se manifeste fréquemment dans la vie relationnelle. Beaucoup de gens croient en effet que leur bonheur dépend surtout du comportement des autres, et comme ils ne peuvent le faire changer à leur gré, ils en deviennent tout naturellement les victimes. Dans cette position face à la vie, toute prise de responsabilité s'avère impossible. Le champ d'action se réduit de façon dramatique car on n'assume pas la responsabilité de ses choix et de ses comportements. Comment en effet pourrait-on se donner des buts quand on croit que des facteurs extérieurs s'organisent pour empêcher de les atteindre. La personne s'enferme alors peu à peu dans un réseau de certitudes négatives. Victime impuissante du comportement des autres, elle ne peut que se replier sur ses croyances et perdre toute confiance en elle. Ce type de comportement et de croyance se renforce encore dans les interactions. La personne qui se sent victime des autres devient souvent de façon effective leur souffre-douleur par le jeu de miroir qui se met en place. Pourtant, il suffit de changer son comportement habituel pour que celui des autres se modifie instantanément. Nos attitudes dans l'interaction sont en effet modelées par celles de nos partenaires. Les travaux des chercheurs de l'école de Palo Alto l'ont montré clairement, en inscrivant la communication dans un système complexe. Notre comportement dans l'interaction est « choisi » en fonction de nos objectifs, de nos enjeux mais aussi et surtout de notre interlocuteur, de ses objectifs et de ses enjeux. Chaque réponse reflète ce qui s'est passé avant, ce qui est en train de se passer et le cadre des représentations que chacun construit à propos de l'autre. Certains *scénarios* de communication sont typiques. L'escalade verbale en est un exemple, l'adoption d'une attitude opposée en est un autre.

Ainsi, peu à peu, une carapace se constitue autour de la personne. La protection qu'elle apporte est illusoire puisque les croyances exigent d'être alimentées par d'autres expériences négatives conformes. Par exemple, si vous croyez que vous devez vous méfier des gens portant une casquette, vous trouverez comme par hasard de très nombreux exemples pour justifier et renforcer votre certitude. La personne qui gère sa vie en fonction de croyances négatives agit comme si, inconsciemment, elle recherchait des occasions de se prouver qu'elle a raison de se conduire ainsi. De la sorte, elle s'expose à toutes sortes d'expériences désagréables, qui contribuent à renforcer la protection.

En rupture

Ces deux éléments s'expriment dans des thèmes de vie animés par la peur d'être seul, le manque de repères dans les contextes éthiques et affectifs. En effet, entre autres preuves, nous prenons conscience de notre existence à travers les personnes et les groupes auxquels nous appartenons. La filiation est dans notre culture le premier lien d'appartenance. L'enfant appartient à ses parents, sa famille, et au groupe social qu'ils représentent. Cette notion d'appartenance n'est pas identique selon les cultures. Dans certains contextes ethniques, l'enfant qui naît appartient à un oncle, ou à un grand-parent, ou encore à l'ensemble du groupe.

Dans son ouvrage *L'Influence qui guérit*, Tobie Nathan, ethnopsychiatre, parle de « fabrication culturelle des enfants ». L'être humain ne relève pas seulement de la « fabrication » biologique, mais encore du bain culturel qui définit son appartenance à un groupe. C'est le réseau relationnel auquel appartient l'enfant qui l'aide à donner un sens à son environnement. L'auteur va plus loin et soutient que les êtres qui ne peuvent s'identifier comme membres d'un groupe présentent des difficultés psychologiques dont la résolution ne relève en aucun cas de l'intervention d'une culture étrangère. Seule une approche qui tient compte des schémas d'appartenance et des mythes fondateurs de l'ethnie peut aider la personne à se reconstruire en tant qu'individu culturellement défini. Appartenance et sens culturel du monde représentent deux conditions fondatrices du développement de la personne.

Issues d'une autre réflexion, certaines méthodes de remédiation cognitive, notamment le Programme d'Enrichissement Instrumental du professeur Feuerstein, mettent l'accent sur l'importance de la transmission culturelle, garante à leurs yeux d'un développement satisfaisant de l'enfant. Ces observations se fondent essentiellement sur les difficultés psychologiques des personnes partagées entre deux cultures et dans l'impossibilité de choisir. Elles se manifestent aussi chez ceux qui, par leur histoire personnelle, n'ont pu s'enraciner dans une lignée et une culture. En effet, la transmission culturelle n'est pas un apprentissage comme les autres. Elle résulte d'un jeu relationnel qui s'établit autour de l'enfant et l'accompagne ensuite dans toute sa vie.

L'appartenance s'inscrit enfin dans une dimension affective. Ce sont ses manifestations qui renvoient à l'enfant une image positive de lui-même, comme faisant réellement partie d'un ensemble familial, social. Les premières découvertes de l'enfant sont d'abord guidées, et rendues signifiantes, par sa relation avec sa mère. Si l'enfant n'est pas accepté et reconnu, ce refus l'empêche de s'épanouir ; ses découvertes sensorielles ne sont ni accueillies ni gratifiées d'un sens, et il éprouve de grandes difficultés à comprendre et à s'adapter.

Le don culturel peut se comprendre comme une conséquence de l'appartenance. En même temps que l'enfant est accueilli au sein d'un groupe, il entre dans un monde régi par des valeurs, des mythes, des codes formels et informels. Quand il n'y a pas d'appartenance, il ne peut exister de transmission culturelle : celle-ci ne relève pas d'un enseignement scolaire, mais bien plutôt de l'apprentissage informel d'un ensemble de codes et de valeurs. Les enfants qui commencent à parler n'ont pas appris à le faire à l'école, mais dans la relation avec leur entourage. À travers le langage et les comportements se transmettent aussi les points de repère culturels qui aident l'enfant à s'orienter dans son contexte. Ce qui est permis ou interdit, les comportements qu'on valorise et ceux que l'on condamne forment ces points de repère. Le bien et le mal ne sont pas les mêmes partout, c'est la culture qui les détermine.

Les références données par l'appartenance et la culture du groupe aident la personne à comprendre son expérience, en construisant des représentations du monde. Quelle que soit la manière dont on les évalue, à la lumière de ses propres références, elles forment la base indispensable à toute progression. On comprend donc qu'en l'absence de repères clairement définis, la personne éprouve de grandes difficultés à s'identifier et à comprendre son environnement. La vie se présente alors comme une suite d'expériences dépourvues de sens et une suite de liens impossibles à situer dans une cohérence vis-à-vis des données sociales et culturelles.

Les quatre étapes fondamentales de l'évolution des thèmes de vie

Les processus d'accomplissement de soi conduisent de l'état d'être humain à celui de personne capable d'assumer tous ses rôles, du social à l'affectif. Toutes les cultures possèdent des outils destinés à l'accomplissement, comme les traditions et les rites qui règlent les apprentissages psychoaffectifs et socioculturels. La représentation de soi en tant que personne intégrée dans ses contextes et accomplie dans ses potentiels résulte d'un véritable parcours de vie.

La plupart des difficultés peuvent être mieux gérées et souvent surmontées quand un travail sur soi est entrepris. Pourtant, aucun changement ne dure faute de s'intégrer harmonieusement aux thèmes de vie existants. Les changements mis en œuvre se trouvent rapidement rejetés ou abandonnés s'ils ne s'avèrent pas compatibles avec la représentation de soi.

Le travail sur soi permet d'enrichir les thèmes de vie en leur apportant les ressources nécessaires, présentes en chacun, mais trop souvent ignorées et inutilisées.

En effet, les gens se résignent ou se découragent devant les difficultés. Ils renoncent à agir car ils ne savent pas qu'ils possèdent les ressources psychologiques pour résoudre leurs difficultés. Leurs thèmes de vie font penser à un sentier étroit perché le long de pentes escarpées. Les possibilités de manœuvre sont très limitées. Il est hors de question de parcourir cette voie avec un véhicule trop lourd et trop volumineux. Seule la marche à pied présente le moins de risques, mais elle est fort lente. Lorsque les personnes évoluent au quotidien avec ce type de thème, elles affrontent d'immenses difficultés qui masquent les opportunités et les ressources utilisables.

Quatre étapes fondamentales favorisent une évolution harmonieuse des thèmes de vie : vaincre la peur, accepter le débat, apprendre à apprendre, utiliser ses compétences. Ces étapes constituent des apprentissages qu'on ne saurait réduire à une simple acquisition de savoirs. Si on se contente de traverser ces étapes, les connaissances demeurent théoriques. C'est un peu comme si quelqu'un disait savoir piloter un avion après avoir lu un manuel. Même s'il connaît le mode d'emploi par cœur, il lui manque encore l'expérience réelle du pilotage.

Il n'y a pas de méthode miraculeuse, ce sont les résultats en termes de connaissance de soi et d'épanouissement qui valident le processus de travail sur soi. Ces résultats se révèlent dans une meilleure aptitude à évaluer ses points de départ, et un meilleur discernement de ses potentiels.

Vaincre la peur

Présente à des degrés divers dans certains thèmes de vie, la peur provoque de nombreuses difficultés personnelles et relationnelles. Elle traduit l'existence d'une croyance en la dangerosité qu'on attribue au monde extérieur comme à certains aspects de sa propre personnalité. Bien que je n'apprécie pas vraiment les discours guerriers vis-à-vis de soi-même, je conserve cette expression qui évoque un combat contre la peur car il me semble que celle-ci se transmet par contamination et qu'on peut légitimement chercher à s'en débarrasser pour ne garder de la peur que ses aspects positifs, tels que protection et production de comportements de prévention.

Cette peur, souvent inconsciente et presque toujours tacite, appartient au monde du non-dit et s'exprime par des comportements spécifiques et une limitation plus ou moins importante du champ d'action. La personne ne reconnaît pas qu'elle a peur. Si on lui propose une opportunité nouvelle, elle en évalue inconsciemment la valeur en termes de prise de risque, avant d'affirmer en toute bonne foi son refus ou sa désapprobation. Ainsi, progressivement, la personne réduit sa carte de la réalité à un monde connu, prévisible, pas vraiment stimulant, mais qu'elle se sent capable de gérer. Les projets et autres objectifs deviennent des rêves ou des désirs qu'il ne s'agit pas bien entendu de confondre avec la réalité. Que serions-nous sans nos rêves ? Combien de découvertes doit-on attribuer à cette part de rêve ? Tout ce qu'il y a de créatif en nous vient de cette aptitude à reformuler les données du réel. Toutefois, ces aptitudes créatives ne vont pas sans risque. On découvre parfois des réponses qu'on aurait préféré continuer d'ignorer. L'attrait irrésistible de l'inconnu peut révéler de mauvaises surprises. La peur tend précisément à nous faire éviter ces mauvaises surprises en limitant nos possibilités d'expression et d'exploration. Il faut apprendre à comprendre l'objectif positif de cette peur pour pouvoir l'intégrer au nombre de nos talents.

> *Aline, 45 ans, proteste car son mari veut acheter un ordinateur domestique. « Ah non, je n'en veux pas à la maison, je vois ce que ça donne chez les autres, non merci. Les enfants passent tout leur temps à jouer à des jeux stupides, et même horribles, quand c'est pas le père qui s'y met aussi ! Et puis je m'en suis passée jusqu'à maintenant, je ne vois pas à quoi ça me servirait. Je n'ai pas envie de passer des heures avec une machine… » Peu après, elle avoue ses craintes : « D'ailleurs, je suis certaine que je ne saurais pas m'en servir, je n'ai jamais appris ça. Au travail c'est clair, si j'étais obligée, il faudrait bien subir une formation, mais, ouf, j'y ai échappé jusqu'à présent ! »*

Le problème d'Aline, c'est la peur de ne pas réussir. Apprendre quelque chose de nouveau lui fait tellement peur qu'elle va chercher de nombreux arguments pour justifier son opposition. En effet, apprendre quelque chose nous met en situation de déséquilibre. Les gens qui refusent une nouveauté ou un apprentissage craignent inconsciemment de devoir remettre en question leurs compétences et leur autorité.

La peur s'exprime par des comportements de fuite ou d'agressivité, c'est le cas d'Aline. Dans un cas comme dans l'autre ce sont des indices qui doivent inciter à élucider les processus en cours et leurs enjeux.

Certaines peurs sont salutaires, notamment celles qui déclenchent des comportements de prudence, de modération. Par exemple, la peur d'avoir un accident de voiture, celle de se faire arrêter par un gendarme, retirer son permis de conduire, ou avoir à payer une lourde amende incite la plupart des gens à se conduire avec prudence au volant de leur voiture. Les choses se gâtent lorsque la peur remplace la curiosité et le désir d'explorer le monde, ce qui déclenche la construction de représentations négatives, beaucoup plus effrayantes que la réalité.

Avoir peur de ses émotions fait partie des peurs dont l'objet est intérieur à soi-même, c'est probablement l'une des plus répandues. Beaucoup de gens redoutent leurs émotions, ou plus exactement leurs manifestations. Ils craignent que leur comportement soit jugé ridicule ou excessif, ou bien encore dangereux pour eux-mêmes ou les autres. Cela provient du fait qu'ils n'ont appris ni à exprimer leurs émotions ni à adapter leur expression.

Dans leur ouvrage commun *The Emotional Hostage* Cameron Bandler[1], Gordon et Lebeau évoquent les liens étroits qui vont du langage à l'émotion. Certaines personnes ne disposent que de trois mots pour exprimer ce qu'elles ressentent « bien », « mal », ou « rien ». Cela limite considérablement leur palette. Elles éprouvent pourtant des émotions qu'elles ne savent pas nommer, et qui leur font peur car leur expression comportementale est parfois violente.

Avoir peur de ses émotions c'est craindre une partie de soi-même. En conséquence, on évite d'avoir à affronter cette peur ou l'on cherche à la combattre. Quelqu'un qui dit vouloir apprendre à se dominer inscrit sa quête dans un rapport guerrier, et agit comme si une partie de lui-même était mauvaise ou travaillait à son encontre. À l'évidence ce type de peur révèle une méconnaissance de soi importante, et surtout une utilisation très partielle de ses possibilités. En effet, si nous ne savons utiliser certaines de nos aptitudes, cela diminue notre capacité d'adaptation.

On peut vaincre sa peur, non pas à l'issue d'un combat, mais à la suite d'une démarche au cours de laquelle on va apprendre à dialoguer avec cette peur, en reconnaître les indices, en comprendre les enjeux, en redéfinir les territoires et les champs d'action. Autrement dit, aller vers un bon usage de soi, c'est-à-dire de se servir de toutes ses possibilités. L'accomplissement de soi n'est pas synonyme d'anesthésie. Beaucoup de gens croient que « se sentir bien », c'est « ne rien sentir ». Tout au contraire, nous devons apprendre à vivre avec nos

---

1. *Cf.* bibliographie.

émotions. Agréables ou désagréables, elles font partie du potentiel de ressources dont nous avons besoin pour trouver en nous les réponses adaptées aux expériences et situations que nous rencontrons.

La peur du monde extérieur se double généralement de la peur de soi. Il est en effet difficile d'aborder l'autre en toute quiétude si l'on redoute quelque chose en soi. Le monde extérieur, c'est le domaine de la relation et de l'expression de soi. La crainte d'être jugé ou de ne pas arriver à son but représente les peurs les plus fréquentes. Il est clair que dans toute relation, nous nous dévoilons à l'interlocuteur qui pourra lire notre comportement d'une manière que nous n'avons pas prévue ou qui nous déplaît. Beaucoup de gens projettent leur représentation du monde et croient que les autres utilisent les mêmes cartes ; pourtant, même en cas de partage réel des valeurs et de la culture d'un autre, les différences ne manquent pas. Ce point de départ peut aboutir à créer de la déception quand l'autre ne répond pas comme on l'attend aux signes qu'on lui transmet. Ensuite, cette déception peut remettre en cause la confiance en soi, et finir par renforcer méfiance et peur de l'autre.

Les difficultés relationnelles sont souvent à l'origine d'un travail sur soi. La personne exprime ses difficultés à communiquer avec son entourage, son sentiment d'isolement. Lorsque l'on obtient des résultats non désirés dans la relation à l'autre, des représentations négatives se construisent, tendent à remplacer la réalité et à devenir des croyances. Or, les relations positives et gratifiantes avec les autres sont vécues par beaucoup comme la manifestation par excellence du bonheur. L'harmonie dans les relations fait cruellement sentir son absence dans bien des contextes. On accuse le développement des grandes villes, l'accélération du rythme de vie, l'exacerbation des volontés individuelles, mais on oublie souvent d'inclure dans cette liste la peur de l'autre. Les phénomènes d'exclusion et d'intolérance rendent encore plus précieuse la qualité de la relation et contribuent jusqu'à un certain point à construire l'image idéalisée d'un monde convivial et solidaire…

La peur de l'extérieur c'est non seulement d'entrer en relation avec les autres, mais aussi de ne pas arriver à atteindre ses buts tant l'image d'un monde fermé et dangereux vient empêcher d'agir. Imaginez un instant que vous êtes sur une île au milieu d'un fleuve où s'ébattent des familles entières de crocodiles. Depuis plusieurs mois, vous vous nourrissez d'une soupe immonde, car les ressources sont rares. Là-bas sur la berge, vous apercevez des fruits délicieux. Hélas ! Pour aller les cueillir, il vous faudrait traverser le fleuve à la nage. Votre faim ou votre gourmandise seront-elles assez fortes pour vous pousser à affronter les redoutables habitants du fleuve ? Qu'est-ce qui pourrait vous obliger à vous jeter à l'eau ? Pour beaucoup de gens, le monde extérieur est vécu comme un fleuve infesté de crocodiles. Ils sont même prêts à endurer de réelles difficultés plutôt que de se « jeter à l'eau ». Il n'en demeure pas moins que ce sont les efforts personnels qui permettent d'atteindre les buts qu'on se fixe. Les projets les plus ambitieux sont issus de la volonté et de la motivation personnelles. Les déceptions et les frustrations du quotidien proviennent souvent quant à eux du manque d'audace. La crainte de ne pas aboutir retient la personne de réaliser ce qu'elle désire.

Le travail sur soi va permettre de relativiser les peurs. Le premier objectif consiste à s'accepter, pour s'affranchir de la crainte de ne pas être aimé et de la recherche systématique d'approbation, c'est-à-dire « oser dire non ». Si quelqu'un exprime un avis opposé au sien, on se sent attaqué, menacé ou méprisé, ce qui vient renforcer la croyance négative. Au lieu de se replier sur sa peur, il faut poser des questions, essayer de comprendre. Comme la peur s'enracine dans l'ignorance, pour la combattre, on doit s'efforcer d'apprendre à bien s'informer à propos des sujets que l'on craint. Enfin, on parviendra à dominer sa peur en acceptant d'avoir peur. La peur n'est pas un défaut, c'est une émotion qui peut se révéler utile. Vaincre la peur, c'est aussi accepter l'aide des autres. Croire qu'on est capable de s'en passer masque une peur de dévoiler ce qu'on prend pour des « faiblesses ».

Vaincre la peur nécessite d'accepter d'avoir peur et de comprendre à quoi cela sert.

Pour vaincre sa peur, il convient de se lancer des défis. Par exemple, oser dire « non » quand on est sur le point d'accepter ce que l'on réprouve. Poser des questions au lieu de juger :

quand on ne partage pas le même point de vue, il est souvent plus intéressant de chercher à comprendre que d'émettre un jugement hâtif.

S'informer correctement sur ce que l'on redoute au lieu de continuer à se faire peur en piochant ici et là des commentaires alarmistes.

Oser avouer qu'on a le trac, par exemple, si on doit prendre la parole devant un groupe.

Accepter de se faire aider, ou de demander un conseil.

Accepter le débat, apprendre à apprendre

Lorsque la confiance est établie, il reste encore à accepter le débat. C'est très important en effet de pouvoir établir le dialogue avec les autres sans pour autant douter systématiquement de soi ni se sentir agressé et demeurer sur la défensive. Beaucoup de gens sont mal à l'aise dans le débat car ils y voient une remise en question de leurs idées et même de leur personne. Le débat n'est pas uniquement un échange de mots entre deux interlocuteurs en contradiction, mais désigne aussi la situation de communication, la rencontre avec l'autre, la reconnaissance et l'acceptation de ses différences. La tolérance est à la clé de cet apprentissage.

S'il est facile d'affirmer qu'on est tolérant, cela semble plus difficile à mettre en pratique. Ce talent se révèle incompatible avec la peur, car il est impossible d'écouter son interlocuteur et de comprendre son message quand on centre son attention sur la riposte à préparer ou la protection à mettre en place. Préparer ses réponses empêche d'écouter l'autre. Deux discours parallèles ne produisent qu'un renforcement de l'incompréhension mutuelle et de la peur. Il faut donc avoir surmonté ses craintes pour apprendre à devenir tolérant et à accepter le débat.

Le débat sert à reconnaître la différence de l'autre, sans pour autant porter de jugement. C'est là un point fondamental. Notre propre accomplissement n'emprunte pas nécessairement les mêmes voies que celui des autres. Chacun possède ses thèmes de vie personnels, ses propres valeurs, et ses frontières à l'intérieur d'un cadre socioculturel. Ce n'est pas parce qu'on a saisi la logique interne d'un thème de vie qu'il est valable pour tous.

Par exemple, on peut reconstituer le thème de vie et le scénario qui ont conduit quelqu'un à commettre un crime ; on arrive à tracer le profil psychologique du criminel et on entre alors dans la logique de son comportement, mais comprendre ne signifie pas approuver. La prise en compte de la différence de l'autre nécessite de connaître ses propres points de repère, car on utilise ses références pour s'adapter aux différentes situations relationnelles.

Ainsi, à partir de nos propres références, nous allons reconnaître l'autre et l'identifier comme un partenaire compétent avec lequel peut s'engager un débat constructif. L'enjeu du débat est d'importance : à partir des échanges, des confrontations, des ajustements qui se déroulent un sens nouveau s'élabore. Ainsi, le débat peut faire découvrir des perspectives jusqu'alors ignorées ou informulées, qui représentent un réel enrichissement pour les acteurs de cette relation.

Dans un premier temps, il s'agit d'identifier ses références, ses critères d'évaluation et de stabiliser la confiance en soi. Il faut étayer ses affirmations, dire pourquoi et comment on en est arrivé à se poser telle ou telle question.

Un débat ne peut pas s'installer quand on ne fait qu'échanger des prises de position. On peut discuter à propos de faits, d'arguments, de références. On peut expliquer, commenter, approfondir. Un vrai débat exige de la sincérité, et le respect de ses interlocuteurs.

Accepter le débat, c'est aussi accepter d'entrer en relation avec les autres, sans les juger hâtivement. Force est de constater que peu de gens en sont capables. Les réticences, les préjugés et autres croyances négatives disparaissent dès l'instant qu'on a su porter à l'autre une attention réelle et constructive.

Dans son livre intitulé *Le Développement de la personne*, Carl Rogers affirme qu'en acceptant complètement son client, sans porter de jugement de valeur à son égard, ce dernier parvenait à construire une représentation de soi positive, et à adopter le même type d'attitude d'ouverture et de tolérance envers son environnement relationnel.

L'attitude qui consiste à accepter le débat, comprendre la relation comme un échange entre partenaires compétents, conduit tout naturellement à s'engager dans des processus didactiques. La relation à l'autre est d'abord un cadre privilégié de recueil d'informations et d'expériences. Il est aussi celui de la construction d'un sens, de l'examen des projets. L'intérêt de la relation réside en ce que les partenaires peuvent s'apporter en termes d'informations, bien sûr, mais aussi d'éléments affectifs. Dans le débat, nous sommes confrontés en permanence à la dualité information/relation.

Dès lors que cette règle du jeu est acceptée, chacun va pouvoir apprendre à apprendre. L'épanouissement personnel ne saurait se passer de curiosité, de désir de découvertes, et, c'est dans l'échange avec les autres qu'on les trouve. L'intérêt porté aux autres relègue au second plan les réserves et les critiques, qui empêchent d'acquérir de nouvelles stratégies, et contribuent à maintenir une représentation du monde limitée. Quand les préjugés s'interposent, jouant un rôle de raccourcis hâtifs, on passe à côté d'informations importantes. Au lieu d'écouter, on se contente d'évaluer. En situation d'apprentissage, si les idées reçues et les préjugés sont trop présents, ils interdisent l'accès à la connaissance. Imaginez un instant que vous assistiez à un cours en pensant sans arrêt que vous savez déjà tout ce que vous allez entendre. Apprendre, c'est d'abord commencer par recueillir des données. Plus cette étape est fructueuse, meilleure est l'acquisition de la compétence ou du savoir. Or, les préjugés, comme les autres croyances, remplacent l'observation de la réalité, ce qui limite considérablement le recueil d'informations et coupe court au processus dès son début.

Les stratégies spécifiques de l'apprentissage : recueil des informations, classement, connexions avec les précédents acquis, appropriation du savoir, mémorisation, actualisation, dépendent étroitement de la possibilité d'entrer dans le processus même. Certains thèmes de vie interdisent l'accès à l'apprentissage. Ils se manifestent par des déclarations comme « ce n'est pas à mon âge que je vais me mettre à apprendre », « je n'ai rien à apprendre avec cette personne », « ce n'est pas quelqu'un comme lui (elle) qui va me faire apprendre quelque chose ! ». Lorsque la relation à l'autre est équilibrée et libérée du poids des préjugés, on peut la comprendre comme une métaphore de l'acte d'apprendre. Accepter le débat permet donc d'apprendre à apprendre dans ce cadre même. Dans une situation de communication, on a toujours quelque chose à apprendre. Le processus d'apprentissage n'est pas une transmission de savoirs à sens unique, les élèves apprennent avec le maître et celui-ci apprend avec ses élèves.

Bien que les stratégies varient selon les personnes, pour un très grand nombre, les premières découvertes s'effectuent dans une relation positive. Une fois le processus engagé, la personne peut continuer seule de façon autonome.

En conclusion, la seconde étape de l'évolution des thèmes de vie agit sur le désir et vient stimuler l'aptitude à former des projets, se donner des objectifs, en fait décider de son présent et de son futur.

Quand les peurs sont comprises et utilisées, la personne éprouve de la curiosité, de l'attirance pour ce qu'elle ne connaît pas. Aller vers les autres, échanger des idées, partager des savoirs, aider deviennent alors des attitudes « naturelles ».

C'est d'abord le côté relationnel qui est concerné par cette évolution. Puis, la personne va découvrir que chaque expérience est une source d'enrichissement ; un nouveau thème de vie se met en place qui permet d'apprendre à apprendre. En effet, plus la personne avance dans son accomplissement personnel et plus ses talents se révèlent. Elle acquiert alors une ouverture d'esprit qu'elle ne cesse ensuite de perfectionner.

Quatre questions pour mieux accepter le débat, et s'ouvrir au partage et à l'échange :

- Quels éléments tangibles soutiennent mes avis (idées, évaluations...) ?
- En quoi suis-je différent (e) de mes interlocuteurs, partenaires ?
- Qu'est-ce que je peux apprendre dans cette situation ?
- Qu'est-ce que je peux apporter aux autres dans cette situation ?

Utiliser ses apprentissages, accepter ses compétences

Il ne suffit pas de vaincre ses peurs, d'accepter le débat, d'apprendre, l'étape décisive consiste à mettre en pratique ses nouveaux acquis. Il arrive parfois que les enfants se conduisent différemment dans leur milieu familial et le milieu scolaire. Une nouvelle compétence est active dans un contexte, mais pas nécessairement dans l'autre.

Il existe des enjeux non identifiés (voir chapitre 4) : l'objectif caché d'un comportement ou d'un choix traduit l'influence d'un thème de vie. Le cadre habituel peut créer une pression importante, surtout lorsque sa stabilité s'appuie sur le malaise de l'un de ses éléments. Les thérapies familiales[1] apportent sur ce sujet un point de vue tout à fait intéressant : l'équilibre d'un environnement familial peut être fondé sur la « maladie » d'un membre de la famille. Les thérapies familiales se proposent de prendre en charge non pas tant les individus en tant que personnes isolées, mais leur relation. Sans aller jusqu'à jouer le rôle de « patient désigné », une personne peut éviter d'affronter les enjeux spécifiques de son environnement et avoir ainsi deux comportements différents bien structurés : l'un dans son environnement familial, l'autre dans le cadre professionnel. En fait, tant que les enjeux réels ne sont pas clairement énoncés, il n'y a que peu de progrès à attendre.

> *Alexandre, 25 ans, vient de terminer ses études et de trouver un premier emploi d'attaché commercial. Il vit chez ses parents. Jusqu'à présent, il n'a pas eu les moyens d'assumer son autonomie. Il se trouve trop gros, voudrait mincir, et ne cesse de se plaindre de ne pas arriver à suivre un régime ni à mettre en œuvre une bonne hygiène de vie. Quand il est en déplacement professionnel, tout va bien. Il perd du poids, se sent motivé. Dès qu'il rentre chez lui, les choses se gâtent. Il finit par reconnaître qu'il ne peut pas se mettre au régime chez lui, car, s'il ne mange pas beaucoup, cela « fait de la peine à sa mère ». Pleine d'inquiétude, elle le harcèle de questions inquiètes. Obéir à sa mère est plus important que de suivre un régime. Cela lui permet « d'avoir la paix », mais à quel prix !*

---

1. Au sujet des thérapies familiales, les ouvrages de Virginia Satir, notamment *Conjoint Family Therapy*, font référence.

Cet exemple est fréquent, nous faisons comme si nous voulions changer, mais inconsciemment, nous nous « arrangeons » pour que cela ne marche pas. Une telle situation révèle la faisabilité psychologique des objectifs. Le travail sur soi passe par l'appropriation de l'autonomie. Autrement dit, il faut vouloir atteindre ses objectifs, pour soi-même et non pour quelqu'un d'autre. Les effets positifs sur l'entourage sont des conséquences, non des buts. Pour arriver à actualiser les acquisitions réalisées dans le cadre d'un travail sur soi, il s'agit de rompre avec ses habitudes. Quand on change son comportement, cela oblige également l'entourage à changer le sien, ce qui pose parfois quelques problèmes.

> *Paolo, 28 ans, est employé de bureau. Il rêve de travailler dans l'immobilier, de créer sa propre agence. Il a suivi diverses formations pour s'y préparer. Or, au moment de se lancer dans la réalisation de ses projets, rien ne va plus : il se sent découragé, déprimé. Il a peur d'échouer, et… entreprend un travail sur soi pour faire le point sur ses buts. Progressivement, Paolo apprend à se faire confiance, et se met à la recherche d'un nouvel emploi. À partir de cette décision, il connaît une évolution très rapide. Il convainc un responsable d'agence de l'engager. Il obtient de bons résultats. Son moral est en hausse. Il se sent en pleine forme, comme « libéré » Mais, dès l'instant où sa vie professionnelle commence à lui apporter espoirs et satisfaction, Paolo doit faire face à de grandes difficultés dans sa vie sentimentale. Marine, son amie, ne sait donner un sens à sa vie qu'en offrant son aide et sa protection à ceux qu'elle juge faibles et sans défense. Elle dispense ainsi tout son amour aussi bien aux chiens et chats perdus qu'à un jeune homme timide chez lequel elle aime le côté « éternel perdant ». Paolo réussit à mettre en œuvre ses projets. Il échappe ainsi à la protection de Marine, qui ne le supporte pas. La rupture est inévitable. La réussite de Paolo remet en cause l'équilibre de leur relation. Les thèmes de vie sont désormais incompatibles.*

Cette situation nous renvoie à des questions fondamentales dans un processus de changement : l'objectif est-il pertinent par rapport au contexte relationnel existant, et en harmonie avec les thèmes de vie ? Le désir d'accomplissement peut-il conduire à une rupture avec tout ou partie de son environnement relationnel ?

La mise en œuvre des acquisitions dépend de l'enjeu psychologique et relationnel qui détermine ce que la personne peut gagner ou risque de perdre dans l'aventure. Pour Alexandre comme pour Paolo, tout se passe comme s'ils se trouvaient à un carrefour. L'une des routes conduit vers l'objectif et l'éloigne inexorablement de son point de départ, l'autre voie le ramène à son point de départ.

Mettre en pratique ses apprentissages implique l'autonomie. Cette indépendance psychologique permet de communiquer d'égal à égal, de faire valoir son point de vue et d'accepter celui des autres. Faute de l'avoir acquise, on tend à instaurer avec tous ceux que l'on rencontre une relation de dépendance, semblable à celle dans laquelle on a initialement appris à évoluer, et qui correspond à un thème de vie spécifique pour la vie relationnelle

Damien, responsable du service informatique dans une entreprise, est très exigeant vis-à-vis de lui-même. Il l'est aussi avec ses collaborateurs, mais il a tendance à s'irriter lorsque le travail ne lui semble pas bien fait. Damien est tout à fait conscient que son comportement ne lui permet pas de résoudre le problème. Une fois la mauvaise humeur passée, il cherche à comprendre l'enchaînement des faits. Maintenant, il sait identifier les indices qui déclenchent son sentiment d'irritation et les utiliser comme signal d'alarme. Dès qu'il se sent irrité et que la colère monte, il se pose des questions : Que s'est-il passé ? Comment peut-on résoudre le problème ? En quoi consiste l'erreur ?

Ce changement infime a profondément modifié les choses pour Damien et pour son entourage : ses relations de travail sont devenues plus agréables, sans qu'il ait eu à renoncer à son exigence de performance. Le changement se met en œuvre parce que les valeurs fondamentales du thème de vie demeurent intactes. Les attitudes habituelles qui consistaient à minimiser les choses — « laisse tomber, ce n'est pas grave » — l'irritaient encore plus, car il avait l'impression de devoir sacrifier sa conscience professionnelle. Cela ne faisait qu'augmenter son sentiment négatif. Utiliser son irritation devant une erreur ou un travail mal fait, comme un indice pour chercher à comprendre ce qui a produit ce résultat, l'incite à adopter une attitude active et non passive. Cela respecte son thème de vie, et permet de mieux gérer le stress.

Le moindre changement dans le comportement change celui des autres partenaires de l'interaction : il ne sert à rien d'accomplir des prouesses pour engager réellement un processus d'accomplissement. Quand il produit un résultat positif, le changement de comportement apporte ce qu'il faut de contre-exemples pour modifier le thème de vie sous-jacent.

> *Nadine, 24 ans, brillante physicienne, quelque peu exubérante, à l'enthousiasme débordant, travaille sous les ordres d'un supérieur qu'elle estime beaucoup pour ses compétences professionnelles, mais avec lequel elle dit se trouver très mal à l'aise. Chaque fois qu'ils discutent d'un projet, elle a l'impression que son chef ne l'écoute pas et élude ses questions. Il dit souvent : « Bon, ne nous précipitons pas, prenons le temps d'examiner les détails… » Nadine se sent terriblement frustrée. Toutefois, elle reconnaît qu'il tient généralement compte de ses remarques et suggestions. Le problème n'est pas lié au contenu des entretiens. Il n'est pas non plus lié à des réticences ou des préjugés de part et d'autre, seulement à la difficulté de Nadine à adapter son comportement à celui de son interlocuteur. Au cours du travail sur soi, elle a appris à identifier le « rythme » global[1] du comportement des autres, et à se mettre en phase. Elle a appris à voir la communication comme une danse, où chacun doit être dans le rythme de l'autre. Le simple fait d'identifier le « rythme » de son chef a apporté un léger changement de sa propre attitude, et beaucoup modifié le climat relationnel. Il lui a suffi d'adopter le rythme comportemental de son chef, pour voir ce dernier se détendre, sourire, et se montrer beaucoup plus disponible pour l'écouter. Des rythmes différents provoquent un sentiment de malaise. Lorsque son chef dit « Ne nous précipitons pas », cela ne signifie pas que le projet de Nadine arrive trop tôt, ou avance trop vite., mais que le rythme comportemental de Nadine est trop rapide par rapport au sien.*

Pour mettre en pratique ce que l'on a appris, il faut commencer par des expériences faciles à réaliser. Si l'on dit à son enfant « Tu pourrais peut-être faire ceci…, mais, je ne suis pas sûr que tu sois prêt », toutes les possibilités sont offertes – accomplir la tâche, ne pas le faire, et toutes les justifications aussi ! Ce cadre, en apparence très ouvert,

---

1. Observer le comportement non verbal, mimétisme comportemental, sont des techniques de PNL. *Cf. Le grand livre de la PNL*, op. cit.

contient une importante suggestion : l'enfant doit être attentif à ce qu'il ressent, car il lui faut décider s'il est prêt ou non à accomplir la tâche. Dans un cas comme dans l'autre, il réussit à utiliser une compétence : savoir reconnaître et utiliser un sentiment.

Pour conclure, on retiendra qu'à la troisième étape, il se pose parfois le problème suivant : on a gagné de l'assurance, on est capable de s'affirmer, mais l'image intérieure n'a pas évolué à la même vitesse que les expériences. Il subsiste un léger décalage entre ce qu'on est capable de faire et ce qu'on s'autorise à entreprendre.

Quelques suggestions utiles :

>   Pensez à un objectif que vous vous êtes donné il y a deux ou trois ans, et à ceux que vous voulez atteindre actuellement.
>   Quelles sont les compétences qui, aujourd'hui, vous permettent d'envisager sereinement vos objectifs ?
>   Qu'est-ce qui pourrait vous empêcher d'atteindre un but auquel vous tenez vraiment ?

Identifiez l'obstacle et comparez-le avec ceux que vous avez appris à surmonter :

>   En quoi est-il différent ?
>   Pensez à un but que vous désirez, mais que vous estimez encore hors de votre portée :
>   Que faudrait-il faire pour l'obtenir ?
>   Comparez cette ressource avec celles que vous avez l'habitude d'utiliser pour atteindre d'autres buts :
>   En quoi est-elle différente ?

Évaluer ses points de départ et ses potentiels

Comme nous avons tendance à aller vers ce qui est agréable, les premiers succès dans l'actualisation des apprentissages en entraînent d'autres, et nous sommes très vite en possession de nos moyens psychologiques.

Une nouvelle étape commence. Il faut accepter ces nouvelles compétences et les intégrer dans les thèmes de vie. Lorsqu'une situation nouvelle se présente, il s'agit de l'évaluer non pas à travers le prisme des anciennes valeurs de son thème de vie, mais à la lumière des compétences nouvellement acquises.

À ce stade, on est souvent appelé à jouer de nouveaux rôles. Proches, voisins, collègues nous demandent un conseil ou un service. Ils reconnaissent nos compétences nouvelles, notre expertise. Le climat relationnel qui s'établit alors va se charger de redéfinir les rôles. Beaucoup de gens témoignent qu'ils n'imaginaient pas qu'on puisse s'intéresser à eux ou leur demander leur avis, tant ils se croyaient incapables d'apporter un conseil utile. Quand le changement s'intègre aux thèmes de vie, on trouve cela tellement naturel qu'on n'en perçoit pas d'emblée toute l'étendue.

> *Frédéric raconte l'anecdote suivante. Un beau matin, la personne chargée de l'accueil dans l'entreprise où il travaille lui lance en souriant : « Bonjour Monsieur B ! » D'habitude, elle se contentait d'un vague « bonjour… », quand elle ne pouvait pas faire autrement. Généralement, elle l'ignorait… Pour Frédéric, ce « Bonjour Monsieur » lui a servi de déclic. Il a pris conscience qu'il existait autrement, et cela lui a permis d'intégrer réellement les compétences acquises.*

Accepter ses compétences, c'est être capable de s'évaluer objectivement, donc de définir ses possibilités, de connaître ses points de départ et ses limites. Face à un objectif, les critères de faisabilité psychologique changent. Souvent, lorsqu'une personne entreprend un travail sur soi, elle parle de projets, d'objectifs, tout en n'osant pas croire qu'elle sera un jour capable de les atteindre : « Quand j'ai commencé ce travail, dit Frédéric, je n'imaginais pas tout ce que cela m'a apporté ! ». Les objectifs et projets annoncés évoluent, se précisent, surtout s'ils ont été formulés à un moment de doute, de malaise, ou du moins de remise en question. Frédéric n'était pas conscient de ses possibilités, et ses thèmes de vie n'offraient qu'un choix réduit. Les projets et objectifs énoncés en fin de parcours diffèrent parfois sensiblement des premiers. Ils reflètent la confiance en soi, avec laquelle il a appris à vivre au quotidien, l'utilisation de représentations de soi positives et une modification des croyances affectant ses relations avec le monde extérieur. Or, tous ces changements ne proviennent pas d'une décision volontaire. Il ne suffit pas de se dire qu'on peut se faire confiance pour avoir confiance en soi. Les expériences positives, liées aux nouveaux apprentissages, élaborent les croyances utiles aux thèmes de vie. Au fur et à mesure de la progression, les projets élaborés reflètent l'état des croyances et des représentations. Les actions entreprises aident à prendre conscience des compétences nouvelles, et contribuent à enrichir les thèmes de vie.

La plupart des gens regardent davantage le chemin qui reste à parcourir que celui déjà franchi. Pour évaluer ses compétences et donc les accepter, on doit mesurer l'étendue du chemin parcouru depuis le point de départ.

Les parents perdent toute crédibilité, s'ils s'adressent à leurs adolescents comme à de jeunes enfants. Ils ont souvent du mal à intégrer le changement, mais les enfants, eux, au contact des autres enfants, se forgent une identité. Ils se savent « enfants » ou « ados » et attendent que leurs parents sachent le reconnaître.

Les thèmes de vie s'élaborent dans les expériences individuelles, mais prennent forme aussi grâce au regard des autres. L'intégration de nouvelles compétences passe donc par ces deux validations : l'expérience personnelle et le regard des autres. Il existe souvent un déclic, une sorte de seuil à franchir et à partir duquel les thèmes de vie sont remodelés.

> *Albéric, 29 ans, assureur, a participé à un groupe afin d'encadrer à son tour des ateliers de formation. Son programme comportait un travail sur soi qui s'est avéré très révélateur. Albéric connaissait quelques difficultés personnelles, un certain manque de motivation dû à la peur de l'échec. En confrontant son expérience avec celle des autres, et en comprenant l'organisation de ses thèmes de vie, il est parvenu à résoudre ses problèmes. « Il y a quelques jours, en allant au bureau, j'ai eu l'impression que tout était différent, témoigne-t-il. Je voyais les mêmes choses, mais avec un autre regard. Je remarquais des détails que je ne voyais pas avant, il me semblait que je pouvais faire tout ce que je désirais, atteindre des buts ambitieux… C'était*

> un peu bizarre, car la veille encore je ne ressentais rien de pareil ! Je
> ne saurais pas à quoi attribuer cela. Je ne me suis pas trop posé de
> questions, j'avais des projets plein la tête, et toute la motivation
> nécessaire pour y arriver… »
>
> Albéric a l'impression d'avancer par « bonds successifs » et non pro-
> gressivement. Il se découvre un beau jour en pleine possession de
> nouvelles ressources. Les choses sont probablement un peu moins
> « magiques » qu'il n'y paraît. Ses thèmes de vie ont évolué discrète-
> ment pour atteindre un seuil à partir duquel la lecture des expérien-
> ces révèle un changement important.

Pour faciliter l'évaluation et la reconnaissance de ses compétences, la PNL dispose de moyens variés. Par exemple, la comparaison entre un état présent et un état désiré met en évidence les points précis qui nécessitent un changement, et les ressources dont on a besoin pour le mettre en œuvre. Ce modèle de base, qui consiste à décrire avec précision l'état présent et l'état désiré, constitue le point de départ des stratégies de changement[1]. Cette observation semble relever du bon sens, mais la plupart des gens se lancent aveuglément vers des buts peu ou mal définis, sans s'interroger sur la faisabilité de leur projet.

Un travail sur soi peut aider chacun de nous à prendre conscience des références, des points forts, des zones fragiles, et des ressources dont il dispose. C'est à travers la connaissance de soi et l'exploration de ses certitudes que chacun parvient à mieux estimer l'état présent de ses thèmes de vie. Certaines difficultés sont ponctuelles, d'autres durent plus longtemps. Elles correspondent à des régions spécifiques de notre représentation du monde. Plus l'évaluation du présent est précise, mieux les objectifs se dessinent car les ressources nécessaires pour les atteindre se trouvent dans l'état présent, même si nous ne savons pas toujours les voir.

---

1. Richard Bandler, *Un Cerveau pour changer,* InterÉditions, Paris, 1990. L'auteur décrit les techniques permettant de changer la représentation d'une difficulté en agissant sur les plus infimes détails des images sensorielles associées.

CHAPITRE 8

Et si c'était vous ?

Voici à présent quelques exemples pour mieux comprendre l'influence des thèmes de vie et la manière de les faire évoluer. Chacun est concerné dès l'instant où il veut aller vers un meilleur accomplissement de soi, ou souhaite apporter aide et expérience à un proche, un ami, un enfant, un jeune.

Élargir ses perspectives

Élargir ses perspectives, c'est enrichir son thème de vie de nouvelles possibilités. Il arrive souvent que l'on se sente tellement prisonnier de ses habitudes ou de ses représentations que l'on finit par accorder du crédit à ce qui n'est plus d'actualité ou ne correspond pas à son expérience. Un parent, un proche, un supérieur qui nous attribue un trait de caractère finit par nous persuader que nous le possédons, même si nous ne trouvons pas cela objectif.

La nonchalance et la paresse sont, pour Manon, ses principaux défauts. Pourtant, les journées de Manon sont bien remplies. Manon est infirmière. Elle s'occupe aussi de ses deux enfants, trouve le temps de s'investir dans une association caritative et semble toujours disponible pour bavarder, s'intéresser aux autres. Cette disponibilité lui joue de mauvais tours. Ses proches, qui ne cessent de lui demander des services, la prennent pour quelqu'un de nonchalant, voire paresseux.

> *En fait, les thèmes de vie de Manon sont influencés par le désir de venir en aide aux autres. Ce désir est à la base de la plupart de ses choix, sur le plan affectif ou social.*

Le regard des autres souligne le caractère à grands traits, mais ne permet pas toujours de prendre le recul nécessaire par rapport à un contexte donné.

Qualités et défauts, les deux facettes d'un même élément

Il arrive souvent qu'un défaut apparent recèle de vraies richesses. Un même thème de vie s'exprime par des « qualités » dans certains contextes et des « défauts » dans un autre.

> *Philippe est formateur. Au cours d'une réunion avec ses collègues, il se plaint de ne pas arriver à mettre de l'ordre dans ses affaires : « Mon bureau est un vrai chantier. Le matin, en arrivant, je compte bien le ranger... Mais il arrive toujours quelque chose qui m'empêche de le faire. »*
>
> *Philippe « s'organise » pour que le rangement soit impossible. Il n'en est pas conscient. Le rangement n'a jamais fait partie de ses priorités. Il trouve donc une multitude de bonnes raisons pour justifier son attitude. Un mot revient fréquemment : « disponible ». Philippe veut que tous ses dossiers soient immédiatement disponibles, tout comme lui, toujours prêt à accueillir, conseiller, écouter...*
>
> *Il ne souffre pas vraiment du désordre qui règne dans son bureau. En fait, il l'organise, comme il s'organise pour être disponible. Pourtant, il suffit d'un contre-exemple pour déstabiliser cette équivalence entre le désordre et la disponibilité. Philippe admet facilement qu'on peut être disponible dans un environnement bien rangé ; il va pouvoir nuancer sa représentation de la disponibilité. Il a trouvé dans sa propre expérience des éléments qui remettent en question sa façon de faire. Il en conclut qu'il pourrait s'en inspirer. L'objectif est préservé, il s'agit de se montrer disponible pour son interlocuteur...*
>
> *Les thèmes de vie de Philippe sont influencés par la peur de ne pas être à la hauteur des rôles qu'il joue, et des lignes de conduite qu'il s'impose. Il n'ose pas dire « non » et tend à se laisser envahir.*

Ce regard sur nous-mêmes doit être exempt de jugement de valeur. Il n'est pas toujours facile de s'accepter lorsqu'on cherche à combattre certains aspects de son caractère. Or, ce que nous n'aimons pas en nous masque parfois une force ou un talent que nous ne savons ni voir, ni reconnaître, et encore moins utiliser. Nous ne sommes pas de bons juges pour ce qui nous concerne ; souvent, nos facultés de discernement s'appliquent mieux aux autres. Ainsi, un trait de caractère que nous vivions comme un obstacle, voire un handicap, parvient-il à révéler des aspects positifs, utilisables à bon escient.

L'exemple de Marc illustre cette évolution.

> *Je reçois Marc, trente-sept ans, architecte. Il travaille avec trois associés. Tous reconnaissent son talent, mais déplorent ce qu'ils appellent son « sale caractère ». Marc souffre aussi de ses coups de colère qui, dans le feu de l'action, le conduisent à dire des choses qu'il ne pense pas et qu'il regrette amèrement ensuite. Je lui propose de revivre mentalement un exemple caractéristique, pour qu'il puisse sentir avec précision le moment où la colère commence à monter en lui. Cet exercice lui permettra d'intervenir avant d'être submergé par l'émotion, et de choisir de la laisser s'exprimer, ou d'utiliser une autre stratégie.*
>
> *Marc commence à se remémorer une scène qui l'a profondément irrité. Marc a confié un document à l'un de ses collaborateurs. Le document a été égaré. Il contient un plan dont on n'a pas fait de copie. Le ton monte… Un autre collaborateur prend la défense du premier… Soudain, Marc dit « stop ». Il me dit qu'il a compris. Il ne veut pas revenir sur cet épisode. Il a réussi à sentir le moment où il devait interrompre le processus.*

À présent, il va pouvoir commencer à travailler sur le choix à effectuer. La spontanéité de la montée en colère se trouve utilisée à bon escient : elle sert de déclic à une attitude de prévention. Marc trouve dans sa difficulté même la ressource qui va lui servir à la gérer au mieux.

Les thèmes de vie de Marc sont fondés essentiellement sur le désir d'exercer un pouvoir – sur les autres et aussi sur lui-même. Ceci explique pourquoi l'idée de prendre le pouvoir sur le déclenchement de sa colère emporte facilement son adhésion.

La colère est une émotion qui pose beaucoup de problèmes parce qu'on n'en comprend pas le sens, et que l'on se limite à regretter d'avoir perdu le contrôle de soi. Ceci entraîne un sentiment de culpabilité, ou renforce la colère. On ne retire aucun enseignement positif de l'expérience, pire encore, le fait d'avoir cédé à la colère déclenche une autre colère à l'égard de soi-même. On est mécontent de s'être montré sous un jour désagréable, voire inacceptable, en regard d'une norme de conduite « socialement correcte ».

La stratégie générale consiste à repérer les signes avant-coureurs de la colère pour arriver à analyser la situation en prenant de la distance. Cette attitude permet en effet de garder ce qu'il faut de sérénité pour comprendre le message que transmet cette émotion.

Adopter différents points de vue sur une difficulté

Recadrer le sens d'une difficulté

Qualités et défauts représentent la plupart du temps deux aspects d'un même thème de vie. En prendre conscience contribue à élargir les perspectives, et donner plus de choix, plus d'autonomie. Quand nous avons compris le sens de nos « défauts » et que nous avons su les relier à la « qualité » associée, nous apprenons à utiliser l'un ou l'autre aspect, et les doser. Pour approfondir notre compréhension, nous allons maintenant explorer les éventuelles différences entre nos comportements et les intentions qui les justifient. Le sentiment de décalage entre les comportements et les intentions est à la base de nombreuses difficultés existentielles. Tout se passe comme s'il existait une difficulté de communication interne. On se méfie de ses intuitions et l'on tend à agir exactement à l'inverse de ce que l'on éprouve, justifiant cette attitude par mille bonnes raisons. Prendre conscience et accepter ses intuitions sont des objectifs incontournables d'un travail sur soi. Faire confiance à son intuition dissipe les craintes, et permet de développer l'authenticité de ses comportements car les différents aspects de soi forment alors un ensemble harmonieux. Le décalage entre l'intention et le comportement diminue, et même disparaît. Du fait de cette cohérence, on communique sans ambiguïté, les relations sont facilitées, les messages désormais clairs et lisibles ne nécessitent plus de laborieux décodages.

Le principal bénéfice de cette lisibilité est de faciliter l'évaluation de ses objectifs, de ses potentiels de départ et de porter un regard plus réaliste sur soi-même, et les autres. Les potentiels font partie des points de départ, et demandent d'être évalués dans la perspective du but à atteindre. Dire qu'un objectif est à sa portée ou bien complètement hors de portée nécessite une évaluation plus ou moins consciente et plus ou moins objective de ses potentiels. Les objectifs qu'on pense être capable d'atteindre, comme ceux qu'on juge inaccessibles, s'appuient sur les possibilités jugées disponibles à un moment donné. Si on manque de confiance en soi ou si l'on se surestime, les objectifs seront en décalage par rapport aux potentiels réels.

Ainsi, nous construisons nos projets en fonction d'un éventail de possibilités que nous nous autorisons à actualiser. Les potentiels ne sont pas toujours explicites et varient parfois beaucoup car la motivation en détermine pour une grande part l'efficacité. Certaines personnes nous étonnent en se donnant des buts qui nous semblent souvent irréalisables, et forcent l'admiration en les réalisant. Si nous observons cela de plus près, nous constatons que ces personnes possèdent une perception intuitive de leurs potentiels, et des objectifs qu'elles s'autorisent à vouloir pour elles-mêmes. La principale question à se poser c'est de savoir quels objectifs on s'autorise à atteindre.

Daniel, 38 ans, dit qu'il voudrait bien cesser de fumer. Pourtant, si on l'écoute, on s'aperçoit très vite qu'en fait il s'interdit d'atteindre son objectif en nourrissant une croyance négative vis-à-vis de ses potentiels. Au cours d'un dîner avec deux amis, Luc et Matteo, ils en viennent à parler de la cigarette. « Arrêter de fumer, c'est facile, je l'ai déjà fait des dizaines de fois ! » dit Daniel sur le ton de la plaisanterie. Mais la plaisanterie tourne court. Ses amis lui jettent des regards vaguement compatissants. En effet, ils ont cessé de fumer depuis déjà quelques années. Daniel écrase sa cigarette, fait un geste pour chasser la fumée... Matteo se considère encore comme un « fumeur » car il a toujours envie de fumer, malgré le contrôle qu'il est capable d'exercer. Ce qui maintient la motivation de Matteo, c'est la peur de retomber dans ses excès précédents, la frustration de ne pas fumer lui semble préférable. Luc, quant à lui, se sent réellement libéré et encourage Daniel à suivre son exemple.

Daniel hésite, il avance des arguments, puis il « craque » et avoue que la peur de l'échec l'empêche de se libérer du tabac. Ses amis lui disent qu'eux aussi ont douté, et ils expliquent comment ils ont réussi à relever ce défi. Matteo évoque le fait qu'il met sa liberté au-dessus de tous les autres critères. Luc a surmonté sa peur d'échouer en se faisant aider par un spécialiste, et en décidant de se libérer en même temps qu'un de ses collègues de travail.

« Tu peux compter sur nous, quand tu seras décidé ! » concluent-ils… Mais Daniel ne se sent pas encore prêt…

Les thèmes de vie de Daniel sont animés par la peur de l'échec : il se recentre donc sur des gratifications compensatoires comme le tabac.

L'exemple de Daniel montre qu'on ne se donne pour objectif que ceux qu'on estime à sa portée. Les buts dont on ne fait que rêver sans y croire demeurent exclus du champ des possibles. Dans son livre *Pouvoir illimité*, Anthony Robbins raconte son expérience personnelle, tout à fait remarquable. Voici en effet un personnage qui menait une vie pour le moins tristounette, se désespérait de faire enfin quelque chose de positif, et se consolait en avalant des montagnes de poulets frits et autres beignets ! Cela a duré jusqu'au jour où il a découvert la PNL. Dès cet instant, il s'est mis à vouloir réellement quelque chose pour lui-même, il a repris confiance et s'est donné des objectifs ambitieux qu'il a atteints rapidement.

Francis, 42 ans, cadre commercial, joue dans l'équipe de rugby de sa ville. C'est un beau « bébé » – 1,98 m pour une petite centaine de kilos qu'il porte avec élégance. Il y a quelques années, Francis était très différent. Déprimé, en recherche d'emploi, en instance de divorce, il trouvait des compensations dans les excès alimentaires et alcooliques jusqu'au jour où il a entrepris, sur les conseils d'un ancien collègue, une cure de remise en forme. Il explique qu'il a senti comme un « déclic » : il a pu échanger avec d'autres personnes dans des situations similaires à la sienne, et bénéficier ainsi d'un soutien constant.

Francis a perdu une trentaine de kilos. Il se sent à nouveau « lui-même », mieux dans sa peau, mais garde toujours dans son portefeuille la photo d'un homme au visage bouffi, et dont le ventre rebondi tend l'étoffe du maillot pour, dit-il, « éviter de retomber dans les excès »… Il ne veut surtout pas se retrouver ainsi, bien décidé à tout faire pour rester sur son parcours de santé et de bien-être.

Peu à peu, il a repris confiance. À présent, il pratique un sport régulièrement, sait comment s'alimenter, et puis, il a appris à la fois à accepter l'aide des autres et à apporter son aide. Francis ne se sent plus seul, c'est cela qui fait la différence dans son expérience.

Les thèmes de vie de Francis ont subi une profonde mutation. Précédemment influencés par la recherche de plaisirs, pour éviter toutes sortes de peurs, notamment d'être seul, ses thèmes de vie sont aujourd'hui orientés vers le désir : prendre ses responsabilités, s'engager dans un projet. Notons que ces thèmes permettent aussi de vaincre la peur d'être seul. Reprendre sa vie en main lui permet de renouer les liens sociaux et affectifs.

Le secret de la transformation ne dépend pas de recettes toutes faites, mais du déclic qui conduit à vouloir quelque chose pour soi-même, permet de réaliser ses potentiels et d'utiliser toutes les facettes de sa personnalité.

Dans les deux exemples précédents, le point de vue sur la situation se modifie grâce au regard des autres. Daniel ne s'autorise pas à se libérer du tabac car il s'en croit incapable. Toutefois, le témoignage de ses deux amis, dont les expériences sont pourtant différentes, l'encourage à exprimer sa peur d'échouer. Une autre logique peut alors s'installer. Dans le cas de Francis, le regard positif de son collègue, puis le soutien des autres l'incitent à se prendre en charge et à s'engager dans un parcours de remise en forme. Son propre regard sur sa situation ne faisait qu'accentuer le cercle vicieux de l'échec.

L'aptitude à voir une situation d'un point de vue différent permet de sortir des difficultés en intégrant d'autres informations.

Romain, 25 ans, technicien, est en conflit avec son amie Natacha. Il lui reproche d'être égoïste, de ne pas faire attention à lui, de préférer ses loisirs… Natacha, 22 ans, est étudiante. Passionnée d'équitation, elle participe à des concours, des compétitions et consacre en effet beaucoup de temps à cette activité.

Romain se plaint de cette situation, mais quand Natacha lui propose de l'accompagner le week-end, il passe son temps à dénigrer les gens qu'elle fréquente. Le conflit s'aggrave ; les reproches se font plus amers ; chacun exprime sa déception, sa frustration et surtout l'incompréhension qu'il ressent. Romain ne comprend pas la passion de Natacha, qui ne comprend pas l'attitude hostile de Romain. En fait, Romain voudrait être le centre d'intérêt de Natacha, il est jaloux et ne supporte pas la situation.

Romain exprime son ressentiment, comme s'il cherchait une approbation, jusqu'au jour où son père lui dit : « Écoute, moi, je ne vois pas ça comme toi. Natacha, elle s'investit à fond dans son activité, et tu ne lui facilites pas les choses. Tu devrais penser que, si elle se passionne pour ça, c'est qu'elle a de bonnes raisons, tu pourrais aussi être fier d'elle, c'est pas évident, elle réussit dans ses études, elle a un excellent niveau en compétition... Si elle est sélectionnée en équipe nationale, ce qui va sûrement arriver, ce ne sera pas grâce à ton soutien... »

Romain reste silencieux, surpris. Son père précise que le responsable du club est très fier de Natacha. Il croit qu'elle a des chances réelles d'être une grande championne. Romain demande conseil à son père : « Tu ferais quoi, à ma place ? » Celui-ci, non sans ironie, rétorque : « J'apprendrais l'équitation... »

Quelques mois plus tard, Romain reconnaît que cette conversation avec son père a radicalement changé les choses. « Le plus dur a été de reconnaître que je m'étais trompé. Depuis, j'apprends l'équitation. J'ai de la chance, ma prof est là tous les jours ! »

Romain admet que, dans sa logique personnelle, il ne voulait pas voir la situation du point de vue de Natacha. Leurs échanges aboutissaient tout droit au conflit. Le père de Romain, en évoquant les succès de Natacha, lui fait prendre conscience des enjeux réels. Natacha est une excellente cavalière qui peut réaliser de grandes ambitions sportives. Elle met tout autant de volonté et de motivation dans ses études. Elle est courageuse, s'engage dans des parcours d'excellence et franchit victorieusement les obstacles. Romain ne veut pas être un obstacle, il est amoureux de Natacha, il tient trop à leur relation.

Le thème de vie de Romain s'est libéré de l'influence de la peur (jalousie, peur de manquer, peur des autres, peur d'être seul) pour s'orienter vers le désir (prise de pouvoir, objectifs, projet commun). Les thèmes de vie de Natacha sont, quant à eux, fortement influencés par le désir, quel que soit le contexte : désir d'accomplissement, de pouvoir, poursuite d'un certain idéal.

Beaucoup de gens se donnent des objectifs de réussite personnelle, mais les critères d'évaluation varient considérablement.

Agnès peut se vanter d'avoir accompli un parcours « sans faute ». À 25 ans, elle est diplômée d'une grande école, parle couramment deux langues, et a déjà plusieurs propositions de poste… Elle est finalement engagée dans une grande entreprise en tant que chef de projet, mais si les apparences sont positives, Agnès éprouve un malaise grandissant. Elle confie ses problèmes à son amie Gwenaëlle. Agnès a l'impression d'avoir passé son temps à agir en fonction des autres, jamais pour elle-même. Gwenaëlle ne partage pas son point de vue. Elle souligne la réussite d'Agnès — ses études, son métier, sa situation sociale… Pour Agnès, cela ne suffit pas. Elle a le sentiment de s'être trompée de voie, mais n'arrive pas à s'imaginer dans d'autres rôles. À la réflexion, elle se rend compte qu'elle a de la nostalgie pour sa vie d'étudiante. Certes, elle n'avait guère de moyens matériels, mais elle se sentait capable de relever des défis tandis que là, dans sa vie professionnelle, sa réussite ne tient pas qu'à ses seuls efforts. Bien d'autres facteurs interviennent, compétition acharnée, enjeux cachés, luttes de pouvoir…

Gwenaëlle, très pragmatique, lui conseille de se trouver une activité de loisirs, pour se changer les idées en sortant de son travail : « Maintenant, tu as les moyens d'avoir des loisirs, de vivre pour toi. Tu veux que je te dise, à mon avis, c'est toi qui t'interdis de te faire plaisir, de prendre du temps pour tes loisirs. Tu es une grande fille, tu as le droit de choisir, faire ce qui te plaît, ta vie privée, c'est à toi d'en décider, à personne d'autre, tu l'as bien mérité ! »

Agnès doit admettre qu'elle se sent toujours coupable de vouloir se faire plaisir : elle aimerait partir en voyage, s'offrir des vacances, et bien d'autres choses encore, mais quelque chose en elle le lui interdit.

Agnès se sent en décalage entre ce qu'elle fait et ce qu'elle croit être. Quand elle aborde le monde du travail, elle « tombe de haut ». Elle se sent démunie… Elle attribue son malaise à ses choix, mais son amie Gwenaëlle vient « recadrer » cette perception des choses.

> *Gwenaëlle se limite aux faits : de brillantes études, un poste intéres-*
> *sant dans une grande entreprise… Gwenaëlle trouve donc parfaite-*
> *ment justifié qu'Agnès s'accorde des loisirs, vive sa vie personnelle*
> *sans vouloir ressembler à des modèles imposés et répondre, comme*
> *d'habitude, à des objectifs « rentables ».*

Cette « révélation » provoque un déclic chez Agnès. Son thème de vie accentuait une logique du « devoir ». La mission accomplie, Agnès n'en tirait plus de bénéfices, en termes d'économie psychologique. Or, son thème de vie est fortement inscrit dans le désir. Maintenant, Agnès peut de nouveau s'impliquer dans des projets, regarder davantage l'avenir que le passé.

Surmonter les phases critiques

Il existe des moments où chacun se trouve confronté à des situations de crise, qui provoquent réflexion et remise en question de ses « certitudes ». S'engager dans un travail sur soi est une décision importante, une étape indispensable pour faire le point. Quels que soient les faits invoqués pour justifier la démarche, ils conduisent à réévaluer certains aspects du thème de vie. Cela entraîne un malaise dû au décalage entre les expériences vécues et la grille de lecture utilisée pour leur donner un sens. Il s'agit d'une phase critique. L'exemple précédent est typique d'une phase critique. Agnès se situe en effet dans une période de transition : engagée dans la vie professionnelle, elle reste quand même « étudiante » dans ses thèmes de vie… Ce décalage crée un malaise, et Agnès cherche des solutions qui vont répondre au besoin de s'accomplir, de vivre pour elle-même.

En général, ces phases critiques se caractérisent par des sentiments d'insatisfaction, de frustration, un intense désir de changer, une volonté de donner un nouvel élan à sa vie, mais un manque de moyens pour y parvenir. On a le sentiment que le but est à sa portée, même si les expériences traversées sont négatives et perturbent l'équilibre précédent. Pourtant, il s'agit seulement d'une intuition, pas d'une certitude puissante qui permettrait de trouver en soi les ressources dont on a besoin. En effet, la motivation n'est rien d'autre qu'une forte croyance doublée d'un intense désir d'atteindre le but qu'on s'est fixé. Or, quand on s'engage dans une démarche de travail sur soi, c'est que la motivation, l'intérêt, la curiosité, et tout ce qui donne le sentiment d'exister cessent de fonctionner et font place à un sentiment de malaise. Un subtil mélange d'espoir et de malaise anime alors ceux qui s'engagent dans un travail sur soi.

L'insatisfaction provient de situations dans lesquelles on s'est impliqué fortement sans obtenir les résultats espérés, en se heurtant parfois à l'immobilisme ou l'indifférence d'un chef. La course effrénée vers la réussite produit également un sentiment d'insatisfaction quand bien même le but est atteint ! La confiance en soi, l'effervescence de la nouveauté et de la découverte se sont émoussées. Cette expérience révèle alors un vide jusqu'alors masqué par l'apparente réussite du parcours ; des compétences professionnelles sont acquises, mais certaines qualités manquent alors cruellement. On est alors contraint de changer ses thèmes de vie, ce qui entraîne un décalage entre ce que l'on croit et ce que l'on vit. On ne peut continuer à donner un sens à la réalité avec les références utilisées jusqu'alors. Tout se passe comme si on parcourait une ville avec un plan qui n'a pas été remis à jour depuis vingt ans : on retrouve bien sûr les principaux axes de circulation, mais des quartiers entiers sont apparus qui ne figurent pas sur l'ancien plan, tandis que d'autres ont disparu.

Il existe différents niveaux de seuils d'insatisfaction. Lorsque l'insatisfaction est d'ordre professionnel, il semble que plus la personne est autonome dans sa fonction, plus le seuil d'insatisfaction est élevé. Lorsqu'elle exerce peu de responsabilités, le seuil d'insatisfaction est plus vite atteint.

Différentes situations servent de point de départ à un questionnement. Les difficultés relationnelles, familiales et conjugales déclenchent souvent cette remise en cause. Du jour au lendemain, on perd ses certitudes et les points de repère qu'on a coutume d'utiliser ne sont d'aucun secours. Cette soudaineté de la prise de conscience ressemble un peu à un coup de foudre, à la différence qu'elle apporte plus de difficultés que de joie ! Face à un tel bouleversement, il ne reste qu'une certitude : on ne peut plus continuer d'appliquer sa grille de lecture habituelle, il est temps de changer les références des thèmes de vie.

Certains événements à caractère dramatique sont déclencheurs de ce changement : deuils, accidents, divorces, situations catastrophiques, ou extrêmes, frayeurs intenses… Toutefois, d'autres événements, en apparence anodins – la lecture d'un livre, une conversation avec un ami –, sont tout aussi capables de déclencher de grands bouleversements. Ces expériences très banales se produisent comme par hasard le jour où l'on est prêt à s'interroger sur soi, à entreprendre un nouveau projet.

Se redéfinir

Lorsque nous avons atteint un équilibre dans notre vie, nos comportements, nos choix, nos buts sont en accord avec les croyances qui forment notre thème de vie. Nos thèmes de vie se forment, comme nous l'avons montré, en intégrant l'ensemble de nos croyances fondatrices des valeurs et des certitudes servant de référence à nos choix. Ces références autorisent certains choix et excluent ceux qui n'entrent pas dans la logique du thème de vie. Si l'on s'interroge sur la raison qui justifie un choix, on construit des équivalences entre ce que l'on fait et ce que l'on est, comme pour valider sa propre identité. Examinée de près, cette croyance est tout à fait contestable. Seuls les objectifs compatibles avec le thème de vie ont toutes les chances d'être atteints, car ils respectent la représentation de soi. Ces buts mobilisent toute l'énergie. Si on ne les poursuivait pas, on aurait l'impression de ne plus être soi-même. Inversement, quand on se donne des objectifs décalés par rapport au thème de vie, il est impossible de les atteindre. Quand on se sent obligé de faire quelque chose qu'on désapprouve, consciemment et/ou inconsciemment, on se place en rupture avec son thème de vie. Rien n'est plus perturbant que cette expérience, car c'est l'identité même qui est alors malmenée, voire déniée.

Il existe ainsi des moments où l'on doit se redéfinir, c'est-à-dire modifier la représentation de soi, faire évoluer son thème de vie. Par exemple, lors de la naissance du premier enfant, les parents doivent changer certains aspects de leurs thèmes de vie pour pouvoir jouer leur nouveau rôle. Auparavant, ils formaient un couple, l'association de deux individualités. À présent, la notion de « famille » devient réellement concrète. Dans d'autres exemples, la représentation de soi va se réduire ou devenir négative. Quand on perd son emploi, par exemple, non seulement on doit affronter une situation difficile sur le plan matériel et relationnel, mais si la période de chômage dure trop longtemps, l'identité est menacée. Plus on s'est investi dans son rôle professionnel, plus l'absence de travail menace la représentation de soi. On ne parvient plus à se relier positivement aux autres par son rôle, et la dégradation du lien social aggrave progressivement la situation par des difficultés morales et psychologiques.

Ainsi, il est parfois nécessaire de modifier son thème de vie, notamment lorsqu'il ne permet plus d'effectuer des choix et des comportements adaptés. Il existe en effet des thèmes de vie qui n'admettent pas l'échec, ou qui placent l'accès à la satisfaction si haut qu'on ne parvient jamais à l'atteindre. De telles directives ne sont pas faites pour rendre heureux, tout au contraire, elles maintiennent un état de pression et d'insatisfaction permanent. Des exemples de ce type sont fréquents. S'ils nous empêchent de nous endormir sur nos lauriers, ils ont aussi des effets pervers, comme l'impossibilité de s'évaluer.

Nous savons bien que pour mesurer sa progression, il est nécessaire de considérer, d'une part, le chemin à parcourir, d'autre part, celui qu'on a déjà franchi. On ne peut le faire que si l'on sait quand et pourquoi se féliciter de ses actions. Toute tentative d'évaluation de ses résultats est vouée à l'inexactitude si l'on part du principe qu'il est toujours possible de mieux faire.

Ce type de croyances forme un thème de vie trop étroit, trop pauvre qui ne laisse pas suffisamment de liberté.

> *Édouard, 28 ans, est juché sur le toit d'une maison en construction. Il pose des tuiles. C'est un travail difficile, qui demande de la précision et de l'endurance. Il a choisi le métier de charpentier parce que c'était le métier de son père, et que ça lui plaisait. Édouard a commencé très jeune, comme apprenti. C'est un travailleur qualifié et très apprécié dans l'entreprise où il travaille. Cependant, il doit la quitter car son amie a trouvé un poste dans une autre ville. Il retrouve rapidement une place, malheureusement, Édouard déteste son nouveau patron et se met peu à peu à haïr son métier. Un jour, il travaillait à la restauration d'une belle toiture ancienne et se sentait très satisfait. Il s'était appliqué à faire de son mieux, ne négligeant aucun effort.*

> Son patron, pressé de terminer, s'était mis à hurler, lui donnant l'ordre
> de se dépêcher, lui reprochant sa paresse et son incompétence. C'en
> était trop, tout d'un coup. Édouard avait dépassé son seuil : « Je ne
> peux pas dire ce que ça m'a fait, mais j'ai décidé que je ne voulais
> plus faire ce métier. Je suis descendu du toit, et je suis parti. Je n'ai
> pas dit un mot, je ne l'ai pas regardé, j'avais peur de péter les
> plombs. Je suis parti, c'était fini. »
>
> Par la suite, il a rencontré bien d'autres difficultés, mais il n'a jamais
> regretté sa décision. Il n'aime pas parler de cet épisode et se con-
> tente de dire : « Il y a des choses inacceptables. »

Édouard, en prenant conscience de son seuil, a montré une bonne
connaissance de soi, et des limites de ses thèmes de vie. Édouard a
besoin d'autonomie dans son travail. Il se sent qualifié et compétent.
Il met la qualité de son travail au plus haut dans ses critères. Il ne supporte pas les reproches injustifiés. Il est aussi très « entier », et quand
le seuil est atteint, il préfère partir, abandonner la partie plutôt que
d'aller contre ses principes et se placer ainsi en décalage par rapport
à son thème de vie. Le thème de vie d'Édouard se fonde sur le désir.
Édouard essaie toujours de se rapprocher d'un idéal, il se montre per-
fectionniste et veut exercer son pouvoir sur sa vie.

La phase critique, il l'a vécue après coup. Il lui a été difficile de se
reconstruire une nouvelle identité professionnelle, mais comme sa
décision était en parfait accord avec son thème de vie, il a trouvé en
lui les ressources nécessaires pour réaffirmer le bien-fondé de son
choix.

Les phases critiques permettent de s'interroger sur la raison de
ses actions ou de ses choix. Elles déclenchent une prise de conscience de tout ou partie du thème de vie. Parfois, il est nécessaire
d'assouplir le cadre à l'intérieur duquel on agit pour que des modifications importantes se mettent en place. Le malaise qu'on éprouve
lorsqu'on s'écarte de son thème de vie justifie la recherche d'une
solution. Le travail sur soi en est une, toutefois, avant d'en arriver là,
on tente d'adopter des « comportements de remplacement ». Ces
derniers, lorsqu'on en examine l'objectif et l'enjeu, représentent des
ébauches de solution qui peuvent faire croire un moment qu'on

acquiert une nouvelle identité, plus solide et surtout plus valorisante. Les comportements de remplacement peuvent faire illusion quelque temps, la principale victime de ce simulacre, c'est l'utilisateur. Il en résulte un sentiment de frustration encore plus intense lorsque l'on jette le masque.

Le changement : un contrat inconscient

Les différentes expériences vécues selon un modèle de phases critiques ou de seuil contribuent à installer un désir de changement. Tout se passe alors comme s'il existait un contrat inconscient pour changer. Avant d'entamer un travail sur soi, on ignore précisément ce qu'on va perdre et gagner. En revanche, il existe une sorte d'intuition qui va guider vers l'objectif d'accomplissement, le contrat inconscient.

Le changement peut se comprendre comme un apprentissage. On apprend à devenir soi, et on traverse alors différentes expériences : découvertes, explications, exercices, réflexions, mise en pratique et actualisations.

Si nous parlions de l'enseignement de la micro-informatique ou de l'anglais, nous pourrions utiliser exactement le même vocabulaire… Seul le contenu diffère. Nous changeons dès l'instant ou nous intégrons un savoir, et il est impossible de revenir en arrière, dans l'état où nous étions avant de l'acquérir. Ce qui change, ce sont nos compétences mais aussi et surtout les représentations : notre champ d'action s'élargit, davantage de possibilités d'expression s'offrent à nous, ce qui donne lieu à un réajustement de notre thème de vie.

Le changement affecte notre représentation du monde. Il peut donc être compris comme un recadrage. Dans son livre intitulé *Changements,* Paul Watzlawick montre qu'il existe plusieurs types de changement selon leur niveau logique. On a parfois l'impression de changer alors qu'on reste au même niveau logique. En voiture, par exemple, si l'on appuie sur l'accélérateur sans changer de vitesse, on augmente le bruit du moteur, mais on ne roule pas vraiment plus vite. Pour ce faire, il faut passer à la vitesse supérieure, autrement dit changer de niveau.

Beaucoup d'auteurs se sont interrogés sur le changement psychologique. Pour la plupart, un changement réellement efficace consiste en un recadrage des représentations. Les exemples cités précédemment ont illustré cette idée.

Accepter l'aide et l'expérience des autres

Dès l'instant où le contrat inconscient s'est mis en place, reste à résoudre la question des moyens à mettre en œuvre. Il s'agit d'une phase cruciale car on va devoir apprendre à accepter l'aide et l'expérience de quelqu'un d'autre. Cela ne va pas sans difficulté. Si nous nous cassons une jambe, nous ne mettons pas un instant en doute que les techniques médicales vont nous aider à nous rétablir, et nous acceptons d'emblée l'aide des professionnels. En revanche, quand il s'agit de nos pensées et nos comportements, les choses se compliquent. Qui en effet pourrait les connaître mieux que soi ? En fait, dans de nombreux cas, l'expérience montre que nous ne parvenons à changer qu'à partir du moment où nous avons admis que nous devions nous faire aider. Dans son livre, *Vers une écologie de l'esprit,* Gregory Bateson évoque le cas du succès de la désintoxication alcoolique et montre que la personne n'y parvient qu'après avoir totalement abandonné l'idée qu'elle était capable de s'en sortir seule. Il va plus loin et affirme que tant que la personne croit qu'elle n'a pas besoin des autres, aucun changement ne peut se mettre en place. En fait, tant qu'on croit pouvoir assumer seul son changement, c'est que la difficulté ne revêt qu'une importance limitée.

Après avoir accepté de se faire aider, il est sans doute utile de se demander comment on envisage l'aide qu'on peut nous apporter. Quelle est notre représentation de l'aide ? Elle va déterminer notre cadre de recherche des moyens à mettre en œuvre. Si vous êtes terrifiés à l'idée de traverser le parking souterrain de votre immeuble et que vous voulez vous débarrasser de cette peur, plusieurs moyens peuvent vous venir à l'esprit en fonction des représentations de cette peur. S'il s'agit de la peur d'une agression, vous pouvez essayer de vous armer : chien de garde, pratique d'un sport de combat, armes de défense ; dans cette même perspective, vous pouvez aussi vous entraîner régulièrement à la course à pied. À partir de cette peur, vous pouvez décider que, de toutes les façons, en cas d'agression votre meilleure protection consiste à rester calme, ceci vous oriente vers d'autres techniques : relaxation, yoga, pratique du Zen, etc.

Une relation de cause à effet se construit donc entre le problème et sa solution. On construit en soi, à partir de la difficulté rencontrée, une image de l'aide qu'on est prêt à accepter. Ce lien de causalité explique également pourquoi certaines personnes choisissent une aide psychothérapeutique là où d'autres, face à des difficultés comparables, s'orientent vers le travail sur soi, ou la pratique d'un art…

Régine, 40 ans, enseignante, parle de sa peur panique des serpents. Elle explique à son amie Tina :

— C'est surtout depuis que je suis seule, parce qu'avant, si une couleuvre entrait dans la maison, mon mari l'attrapait, et bon, je n'avais pas de souci… Maintenant, depuis mon divorce, si j'en trouve une, je cours en hurlant chez les voisins. J'en ai des cauchemars… Est-ce que tu sais comment je pourrais m'en débarrasser ?

— Moi, dit Tina, je me souviens que j'avais très peur des serpents dans mon enfance. Mon père, qui voulait m'aider, m'a offert un petit python comme animal de compagnie. Il m'a appris à m'en occuper, à connaître ses habitudes, enfin tout ce qu'il faut savoir pour élever un serpent. Oscar est devenu un très beau spécimen dont j'étais très fière. Apprendre à connaître les serpents, ça m'a en effet guérie de ma peur.

— Mais je ne comprends pas, si tu avais eu vraiment peur, tu n'aurais pas été capable d'y toucher ! rétorque Régine, épouvantée par le récit de Tina.

— Mon père adorait les serpents, il m'a expliqué comment faire. Ma peur n'a jamais totalement disparu, je sais qu'un serpent peut être dangereux, mais je ne panique pas. Quand tu as une couleuvre dans ta maison, appelle-moi, je te montrerais comment l'attraper sans lui faire de mal…

— Je n'en suis pas là… conclut Régine.

Tina a fait confiance à son père. Elle n'a pas mis en doute son désir de lui venir en aide. Elle a accepté d'apprendre à connaître le mode de vie des serpents, prenant ainsi le pouvoir sur sa peur. Régine, en

> *revanche, n'est pas réellement prête à mettre en œuvre une stratégie*
> *pour venir à bout de sa phobie. Les thèmes de vie de Régine sont sur-*
> *tout animés par la peur d'être seule : elle a besoin d'un public pour*
> *lequel elle jouera la pièce qui lui semble la mieux à même d'attirer*
> *l'attention sur elle. En se réfugiant chez ses voisins, elle échappe à la*
> *peur d'être seule.*

Accepter l'aide d'un tiers est donc une étape indispensable avant de s'engager dans un parcours de changement. Accepter cette solution, c'est reconnaître qu'on ne peut pas s'en sortir seul. Les exemples sur la cigarette, cités précédemment, illustrent ce propos. Accepter de l'aide correspond implicitement à un transfert de pouvoir, et accepter d'aider un autre c'est aussi se charger de responsabilités.

Dans son livre *L'Hypnose thérapeutique*, Milton Erickson comparait la relation d'aide qu'il apportait à ses patients à une sorte de « re-parentage », pour reprendre ses mots. Cette notion recouvre l'accom-pagnement psychologique qu'un parent apporte à son enfant pour l'aider à acquérir son autonomie, savoir prendre des décisions, en fait… apprendre à se passer de ses parents. Cette relation n'est pas forcément confortable pour celui qui apprend, il doit en effet affronter ce qui lui fait peur, et si sa volonté de changer n'est pas assez forte, il peut se décourager. La relation d'aide a pour but de rendre les gens capables de réaliser leurs potentiels. Parfois, les gens confondent rela-tion d'aide et maternage ; ce dernier peut être utile dans certains cas, mais ne doit pas faire perdre de vue l'objectif de développement et d'autonomie.

Le danger de toute relation d'aide est d'installer une dépendance. Aider et accompagner ne consiste ni à prendre le pouvoir, ni à déci-der à la place des autres, il s'agit tout au contraire d'un travail plus humble, plus exigeant, dont la réussite dépend de la confiance.

Conclusion

À la manière d'une représentation théâtrale, ou encore d'une musique sur laquelle on improvise, notre thème de vie reste discrètement accessible à travers nos choix, nos comportements. Nos improvisations sont intimement liées au thème qu'elles illustrent, enrichissent et modèlent. Notre thème de vie représente une voie qui autorise ou exclut certains choix. Si nous sortons de cette voie, nous perdons nos repères, et atteignons des objectifs non désirés. Le thème de vie n'est pas toujours explicite. Il faut savoir écouter, repérer les signes importants, réellement porteurs d'informations, comme si l'on déchiffrait une partition. Chacune de nos expériences peut être l'occasion de développer la qualité de notre attention, et la richesse de nos mélodies personnelles.

Bibliographie

Richard **Bandler**, *Un Cerveau pour changer,* InterÉditions, Paris, 1990.

Gregory **Bateson**, *Vers une écologie de l'esprit,* Le Seuil, Paris, 1977.

Nicolas **Baverez**, *Les Trente piteuses,* Flammarion, Paris, 1999.

Jean-Léon **Beauvois** et Robert-Vincent **Joule**, *La Soumission librement consentie,* Presses Universitaires de France, 1998.

Éric **Berne**, *L'Analyse transactionnelle et psychothérapie,* Petite bibliothèque Payot, 2001.

Claude **Boiocchi**, *Équilibre et vitalité,* Éditions Carnot, Paris, 2004.

Tony **Buzan**, *Dessine-moi l'intelligence,* Éditions d'Organisation, Paris, 1995.

Leslie **Cameron Bandler** et coll., *The Emotional Hostage,* Future Pace Inc. San Rafael, 1986.

Georges **Canguilhem**, *Aspects du vitalisme, la connaissance de la vie,* Hachette, Paris, 1952.

Bernard **Cathelat**, *Socio-Styles système : les styles de vie, théorie, méthodes, applications,* Éditions d'Organisation, Paris, 1990.

Catherine **Cudicio**, *Le grand livre de la PNL,* Éditions Eyrolles, Paris, 2004.

Docteur Patrice **Cudicio**, Catherine **Cudicio**, *Le Couple et la communication,* OEM, Paris, 2000.

Antonio **Damasio**, *Le Sentiment même de soi,* Odile Jacob, Paris, 2002.

C. **Dejours**, P. **Fedida**, G. **Gachelin**, A. **Green**, A. **Guedeney**, C. **Jasmin**, J. **Stewart**, JP **Tassin**, JM **Thurin**, F. **Varela**, coordination I. **Billiard**, *Somatisation, psychanalyse et sciences du vivant,* Éditions Eshel, Paris, 1994.

Milton **Erickson,** *L'Hypnose thérapeutique,* ESF, Paris, 1986.

Rodolphe **Giglione** et coll., *Traité de psychologie cognitive,* Éditions Dunod, Paris, 1990.

Daniel **Goleman,** *L'Intelligence émotionnelle,* éd. Robert Laffont, Paris, 1997.

Edward.T.**Hall,** *La Dimension cachée,* Le Seuil, Paris, 1978.

L. Michael **Hall,** *The Matrix Model,* Neuro-Semantic Publications, Clifton, CO 2003.

Dean **Hamer,** *The God Gene,* Doubleday Books, 2004.

Stephen **Hawking,** *Une Brève histoire du temps,* Flammarion, Paris, 1990.

Richard **Herrnstein** et Charles **Murray,** *The Bell Curve,* Free Press, 1994.

William **James,** *Principes de psychologie,* 1890.

Jean-Noël **Kapferer,** *Rumeurs,* Le Seuil, Paris, 1991.

Alfred **Korzybsky,** *Science and Sanity,* The international Non Aristotelician Library, 1933.

Philip Jonhson **Laird,** *L'Ordinateur et L'esprit,* Odile Jacob, Paris, 1994.

Abraham **Maslow,** *L'Accomplissement de soi,* Éditions Eyrolles, Paris, 2004.

Edgar **Morin,** *Le Paradigme perdu, la nature humaine,* Le Seuil, Paris, 1979.

Tobie **Nathan,** *L'Influence qui guérit,* Odile Jacob, 1994.

Marie-Louise **Pierson,** *L'Image de soi,* Éditions d'Organisation, 1992.

Revue française de sociologie, « *Fluidité et hiérarchie : l'évolution de la stratification sociale en France* », janvier à mars 1999, XL-1, trimestriel, éd. Ophrys, BP 87, 05003 Gap cedex.

Carl **Rogers,** *Le Développement de la personne,* Dunod, Paris, 1977.

B.M **Staw,** *Knee-Deep In The Big Muddy : A study of escalating commitment to a chosen course of Action,* Ed Organizational Behavior and Human Performance, 1976.

Ian **Stewart,** *Dieu joue-t-il aux dés ?* Flammarion, Paris, 1992.

Trinh Xuan Thuan, *Le Chaos et l'harmonie,* Gallimard, 1998.

Lev **Vigotsky,** *Thought and Language,* MIT Press, Cambridge, Mass., 1962.

Paul **Watzlawick**, John **Weakland**, Richard **Fish**, *Changements,* Le Seuil, Paris, 1975.

Yves **Wikin**, *La Nouvelle communication,* Le Seuil, Paris, 1981.

Véronique **Zbinden**, *Piercing : Rites ethniques, pratique moderne,* Éditions Favre, 1998.

www.ingramcontent.com/pod-product-compliance
Lightning Source LLC
Chambersburg PA
CBHW070358200326
41518CB00011B/1973